行政書士のための

特殊車両通行許可申請の説明書

[第2版]

はじめに

今、あなたの周りに想いを巡らせてみてください。私たちは多くのものに囲まれて生活しています。商品としてお店から購入したペンや街中にそびえ立つ建物など。当たり前のことですが、それらは最初からそこに存在していたのではなく、どこからか運ばれてきたものです。豊かな生活を享受するためには、経済活動の一つである『物流』が必要不可欠です。『物流』の対象となる物は幅広く、小包のようなものから、海上コンテナや鉄鋼資材のような重量品までがその対象となります。特に重量品の輸送に関しては、普段見かけるトラックではなく、大型のトレーラを使用しなくてはいけません。

この重量品輸送を行うために必要な行政機関からの許可、それが『特殊車両通行許可』です。ドライバー不足や輸送品の大型化に伴って、少ない人手で大きな資材や大量の商品を運ぶためにはますますトレーラの需要は高まっていくことが予想されます。『特殊車両通行許可申請』にもし、あなたが行政書士として携わろうと考えているのであるならば、日本における未来の物流、そして日本の経済活動を支えているという誇りを持って、是非取り組んでいただきたいと思います。

本書はそんな『特殊車両通行許可申請』を始めようとする行政書士の皆様向けに作成された説明書です。国土交通省が公表しているマニュアルや特殊車両通行許可申請に関する書籍はこれまでにもありましたが、周辺知識が膨大で要領が掴みにくく、制度解説に多くのページを割くことで、申請実務の内容が不十分でした。また、『特殊車両通行許可申請』を行うことだけが目的となり、行政書士に必要な事前ヒアリングの部分や、申請後に生じる役所対応の部分が抜けており、行政書士が初めて『特殊車両通行許可申請』を学ぼうとするには十分な説明書と言うことはできません。そこで、本書では『この１冊を読めば、明日からでも特殊車両通行許可申請が始められる』をモットーに、周辺の制度説明に終始することなく、申請実務に焦点を当てた書籍となっています。具体的には、申請業務を始めるために必要な最低限の知識、申請業務に入る前のヒアリングの要点、申請画面での操作方法や順序、申請後の役所対応など、行政書士として『特殊車両通行許可申請』に携わる者には身に付いていなくてはならない内容です。

『特殊車両通行許可申請』は今後さらに申請件数が増えることが予想されています。その理由は以下の２点です。

①　特殊車両が増えていく

現在、特殊車両（ここではトレーラなどの連結車のことをいう）はトラック台数全体の１割ほどしか占めていません。しかし、深刻化するドライバー不足や物品の大型化により、効率的な大量輸送が物流業界には求められています。その背景の中でますます特殊車両は増えていくことでしょう。

②　コンプライアンス意識の向上

数年ほど前までは『特殊車両通行許可』を取得しない、悪質な運送会社が多くありました。しかし、コンプライアンス意識の向上により運送会社自身がしっかりと許可をとらなくてはいけないという意識が浸透してきました。また、荷主側も『特殊車両通行許可』を適正に取得した運送会社にしか依頼しないという環境も整ってきました。特に公共事業に携わる荷主（大手ゼネコンなどを想定）は数年前までとは比較にならないほど、厳格に『特殊車両通行許可』を運送会社に求めています。

行政書士の業務としては建設業関連や産業廃棄物関連、入管業務関連などの許認可申請がメインであり、『特殊車両通行許可申請』ができる行政書士は全体の需要からして、まだまだ少ないのが現実です。単に、事務所の売上アップを目指して『特殊車両通行許可申請』業務に参入するのではなく、運送会社や荷主などが抱える制度的な問題点に寄り添い、日本の物流経済の発展に資するという気概を持って、『特殊車両通行許可申請』に臨んでください。

まだまだ物流業界において行政書士の存在は大きくないですが、遠くない未来に、物流業界の主要プレイヤーとして多くの行政書士が活躍することを願っています。そんな未来を創造することの一助となるよう想いを込めて本書の作成を決心しました。

第２版の刊行に当たっては、リニューアルされた申請画面の点、誘導車配置ルール変更の点、道路法改正に伴って新たに創設された『特殊車両通行確認制度』の点を充実させました。

ようこそ、特殊車両通行許可申請の世界へ！

2023年２月

行政書士法人 佐久間行政法務事務所

代表社員　佐久間翔一

CONTENTS

第3章　申請後の対応

第4章 その他の申請方法

第5章 申請における車種別注意点

第6章 特車許可違反をした場合のペナルティ

第7章 特車申請マル秘テクニック

第1章

特殊車両通行許可申請とは

まずは特殊車両通行許可申請における『概要』を理解する必要があります。その次に『特殊車両』とはいかなるものかを把握しましょう。『特殊車両』に該当するか否かを見極めることができなければ、そもそも申請が必要かどうかも判断できません。しっかりと『特殊車両』の定義を覚えてください。また、何のために『特殊車両通行許可申請』が必要なのかも行政書士である以上、法律面、制度面で解説できるようにしておきましょう。ここの部分をお客様に解説し、しっかりと理解してもらうことが行政書士としての社会的責務です。

1　特殊車両通行許可申請の概要

特殊車両通行許可申請の概要を掴むとは、申請書に記載しなくてはいけない事項を把握することに他なりません。詳しくは後程解説しますが、大まかにどのような事項を申請書に記載するのかを覚えましょう。また申請後の流れについても把握していきましょう。

（1）申請方法

申請方法には2つの方法があります。

①　窓口申請

申請書を作成し、印刷し、道路管理者まで直接提出しにいきます。

②　オンライン申請

特殊車両通行許可システム（https://www.tokusya.ktr.mlit.go.jp/PR/）にて、オンライン上で申請書を作成し、オンライン上で許可申請を提出します。こちらのオンライン申請がメインの申請方法となります。

（2）申請書の記載事項

申請書には主に次の５つの事項を記載します。

① 通行期間

いつからいつまでの許可を取得したいのかを記載します。原則として最大２年間の許可取得が可能です。一定の要件を満たす優良事業者に関しては許可期間を最長４年間取得できるようになりました（平成31年４月１日施行）。一定の要件とは、『業務支援用ETC2.0車載器を搭載し、登録を受けた車両であること』、『違反履歴のない事業者の車両であること』、『Ｇマーク認定事業所に所属する車両であること』の３点です。

② 車両番号

いわゆる車番（ナンバープレートに記載してあるもの）です。実際の取締において、まず取締官は目の前にある実際の車両番号と許可証に記載している車両番号が同一であるかを確認します。

③ 車両諸元

簡単に表すと、車両の幅、高さ、長さ、重さなどです。車両諸元を正確に申請することで、その車両が特殊車両であることがわかります。

④ 積載物

何を積んでいるのかを許可証に記載する必要があるので、申請書にももちろん記載します。車両諸元は変わらなくとも、積載物が異なるという理由で取締官に指導される例も散見されるので正確に申請しましょう。

⑤ 経路

出発地から目的地までの経路です。この経路作成が実際、一番手間のかかる作業となります。後程詳しく記載しますが、道路情報便覧というデータベースに収録されている道路を経路として選択する場合には、オンライン申請システムで路線名称が自動的に表示されますが、道路情報便覧に収録されていない未収録道路などは自治体が公開している認定路線図で調べるか、道路管理者に直接問い合わせる必要があります。出発地から目的地までの経路を完成させれば、それで終わりではありません。車両諸元を基に通行の可否を判定してくれるオンライン上の算定書を見ながら、通行できなければ経路を再考する必要があります。

特殊車両通行許可申請では、大まかに上記５つの情報を申請書に記載し、申請書を完成させます。その後、申請車両と申請経路数に応じた申請手数料を行政に納付し、許可証が交付されます。なお、申請手数料の計算方法は以下のとおりです。

通行経路が２以上の道路管理者にまたがるとき[※1]、原則として申請書が受け付けられた時点[※2]で手数料が必要となります。この手数料は、関係する道路管理者への協議等の経費で、実費を勘案して決められています。その額は、国の機関の窓口では 200 円（1 経路）、県の窓口では、条例によって多少異なる場合があります（道路法第 47 条の２第３項、第４項）。

申請車両台数[※3]×申請経路数[※4]×200 円

行政書士が特殊車両通行許可申請を行う際には代理人申請を行います。代理人申請を行った場合には、申請手数料の納付書は直接お客様に郵送されます。したがって、行政書士業務の報酬とは別に行政へ支払う手数料も発生する旨はあらかじめお客様にお伝えしましょう。後々のトラブルを防ぐためにも必要なことです。

※１　『通行経路が２以上の道路管理者にまたがるとき』とは、国道から県道に入る経路をとるとき、あるいは A 市道から B 市道に入る経路をとるときなどです。したがって、国道だけで完結する場合などは手数料が不要です。

※２　申請書が受け付けられた時点で手数料が発生してしまうので、たとえ不許可であったとしても同額の手数料が必要です。もしも、申請書を提出してから間違いに気付いた場合は、早めに国道事務所に伝え、差戻しをしてもらうようにしましょう。

※３　申請車両台数とはトラック、トラクタ（連結車両のヘッド部分）の台数です。つまり、トレーラ（連結車両のおしり部分）の台数は何台であろうと手数料額に影響しません。駆動させることができるエンジンを搭載している車両を１台カウントすると考えると覚えやすいです。

※４　申請経路数とは、片道１経路カウントです。つまり、往復３経路であれば６経路

とカウントされます。

（３）特殊車両通行許可申請に必要な書類

特殊車両通行許可申請に必要な書類は以下の９つになります。

①　申請書

申請内容の概略が表示されています。申請者名、車種区分、車番、車両諸元、経路数などです。取締時の総重量・軸重・長さ・幅などはこの申請書に記載されている数値を確認します。

②　車両内訳書

申請する車番の一覧です。取締時には当該車両がこの車両内訳書に記載してあるかを確認します。

③　車両の諸元に関する説明書

各車両の諸元についての詳細が記載してあります。

④　通行経路表

出発地住所・目的地住所及び路線名や交差点番号を確認することができます。

⑤　経路図

出発地から目的地までの通行経路を地図上に示したものです。

⑥　申請車両の自動車車検証の写し

⑦　軌跡図

車両が旋回する際の動き方を示した図のこと。

⑧　荷姿図

申請車両に申請する積載物を積載した際の外観を示した図のこと。

⑨　未収録地図

①～⑤はオンラインシステムで作成可能です。

⑥はオンライン申請の場合は不要です。国道事務所は車検証データベースから車検証データが取得可能だからです。

⑦、⑧に関しては、申請後別途提出を求められることがあります。

窓口申請の場合は別途、電子データをCD等に記録したものの提出を求められることがあります。

⑨は申請経路に未収録交差点あるいは未収録路線が含まれる場合に必要となります。

（４）特殊車両通行許可申請の受付事務の流れ

特殊車両通行許可申請の受付事務の流れを見ていきましょう。オンライン申請の場合は次のような流れになります。

①　申請書作成：申請者（行政書士）

申請者は必要事項を記載のうえ、国道事務所等にオンライン申請します。

②　形式面の審査：国道事務所等

申請書に関して、申請の必要性・必要書類がそろっているか、記載内容は正しいかなどを審査します。どれか1つでも欠けていれば差戻しとなります。

③　受付：国道事務所等

形式面で問題がなければ正式な受付となります。この時点で、申請経路が２以上の道路管理者に係れば手数料が発生します。

④　実質面の審査：国道事務所等

申請された車両諸元で申請経路の通行が可能かを審査します。申請経路が道路情報便覧収録路線のみでかつ個別審査がない場合は⑦へ。未収録路線又は個別審査箇所がある場合は⑤へ。

⑤　各道路管理者へ協議を行う：国道事務所等

未収録路線あるいは個別審査箇所がある場合は国が道路管理者へ協議を行います。国道事務所から各道路管理者へはFAXあるいは郵送で協議書が送られます。

⑥　未収録路線及び個別審査箇所の審査：各道路管理者

国道事務所から協議書が送られてきたら、各道路管理者は申請経路通行の可否を判断します。通行が可能ならばその旨の回答、不可能ならば不許可回答を国道事務所へ行います。

⑦　許可証作成手続：国道事務所等

各道路管理者からの回答を基に、申請内容に関して許可・不許可の判断を行い、許可証の発行手続を行います。同時に手数料納付書を申請者に送ります。

⑧　納付書に記載されている金額を納める：運送事業者（お客様）

納付書が申請書に記載している住所に届くので、手数料を納めます。

⑨　許可証発行：国道事務所等

許可証が発行された旨、申請者にメールで通知がきます。オンラインシステムにログインし、許可証を取得することができます。

⑩　許可証の送付：申請者（行政書士）

取得した許可証をお客様に送ります。印刷して送るのか、データ形式で送るのかは事前にお客様との間で決めておきましょう。

※　国道事務所によっては⑧、⑨が逆の場合もあります。

2　特殊車両とは

特殊車両は大きく２つに分けることができます。

（１）車両の構造が特殊

車両の構造が特殊なため一般的制限値のいずれかが超える車両です。トラッククレーン等自走式建設機械、トレーラ連結車などです。一般的制限値は次のとおりです。また、図表 1-2 には、特殊車両の一覧を示しています。

図表 1-1　一般的制限値

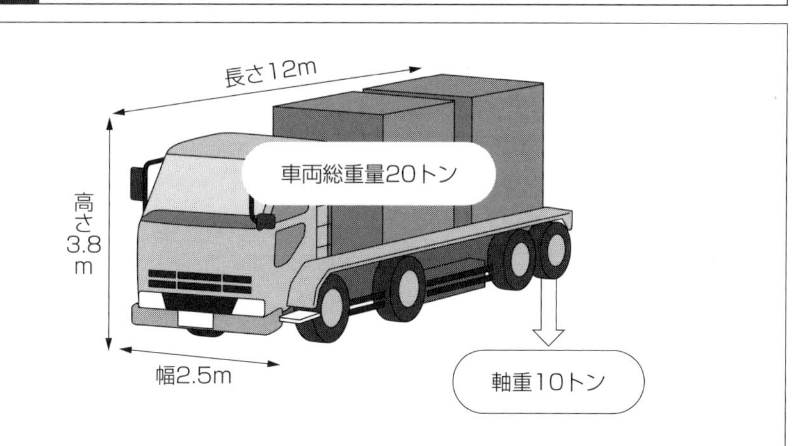

車両の諸元		一般的制限値（最高限度）
寸法	幅	2.5m
	長さ	12.0m
	高さ	3.8m（高さ指定道路は 4.1m）
	最少回転半径	12.0m
重量	総重量	20.0t（高速自動車国道および重さ指定道路は 25.0t）
	軸重	10.0t
	隣接軸重	18.0t：隣り合う車軸の軸距が 1.8m 未満 19.0t：隣り合う車軸の軸距が 1.3m 以上 かつ隣り合う車軸の軸重がいずれも 9.5t 以下 20.0t：隣り合う車軸の軸距が 1.8m 以上
	輪荷重	5.0t

（国土交通省中部地方整備局、関東地方整備局ホームページを基に作成）

図表 1-2　特殊な車両の一覧

単車

トラッククレーン

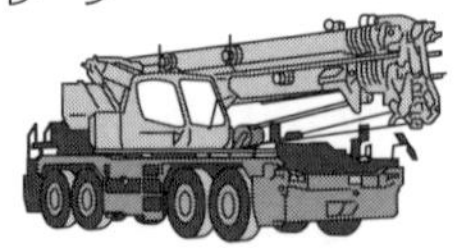

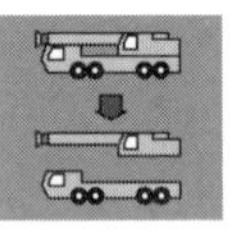

※一次分解が必要になる場合があります。
※車検証に記載された重量で走行しなければなりません。

特例5車種

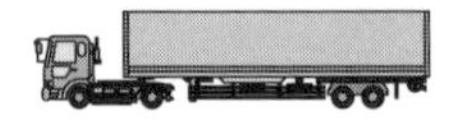

1）バン型セミトレーラ

2）タンク型セミトレーラ

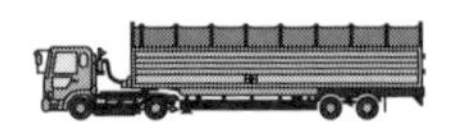

3）幌枠型セミトレーラ

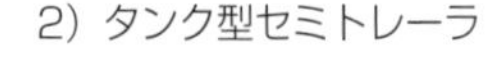

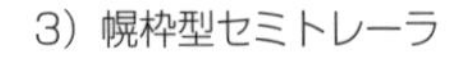

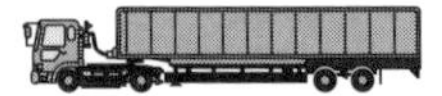

4）コンテナ用セミトレーラ

5）自動車運搬用セミトレーラ

◎フルトレーラ

※フルトレーラ連結車については、トラックおよびトレーラの双方が同一の種類の車両である必要はなく、それが1)～5)に該当すればよい。

追加3車種

貨物の落下を防止するために十分な強度のあおりなどや固縛装置を有していなければいけません。

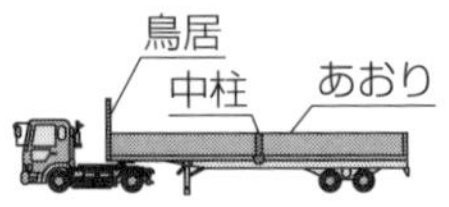

1）あおり型セミトレーラ

2）スタンション型セミトレーラ

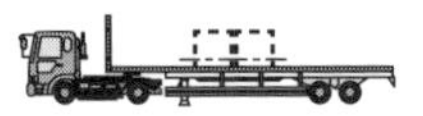

3）船底型セミトレーラ（タイプ1）

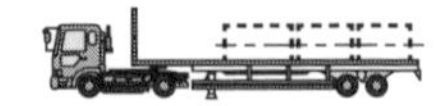

3）船底型セミトレーラ（タイプ2）

その他

海上コンテナ用セミトレーラ

重量物運搬用セミトレーラ

ポールトレーラ

（特殊車両通行ハンドブック 2019 のイラストを使用して作成）

（２）貨物が特殊

貨物が分割不可能なため、積載すると一般的制限値のいずれかを超えてしまうものです。例えば、建設用重機を積載して重さが一般的制限値を超えたり、電柱を積載して長さが一般的制限値を超えたりすることが考えられます。

このように特殊車両とは（１）車両の構造が特殊、（２）貨物が特殊の２つのパターンが考えられます。（１）車両の構造が特殊なパターンの多くは連結車です。連結車を見たら、基本的に特殊車両と考えても間違いないです。しかし、連結車でなくとも特殊車両である場合があります。それが新規格車と呼ばれるものです。この新規格車について、実は使用している運送会社自身が『特殊車両通行許可申請』が必要であることを知らない場合が多々あります。したがって、新規格車については行政書士としても注意が必要です。新規格車を使用している運送会社の方には、『特殊車両通行許可申請』が必要であることをしっかりとアドバイスできるようにしましょう。

（３）新規格車

新規格車とは、高速自動車国道及び重さ指定道路を自由に通行できる図表1-3に示す車両をいいます。注意が必要な点は、積載重量によっては、その他の道路を通行する場合は、特殊な車両として取り扱われ許可申請が必要となる点です。

図表 1-3 新規格車

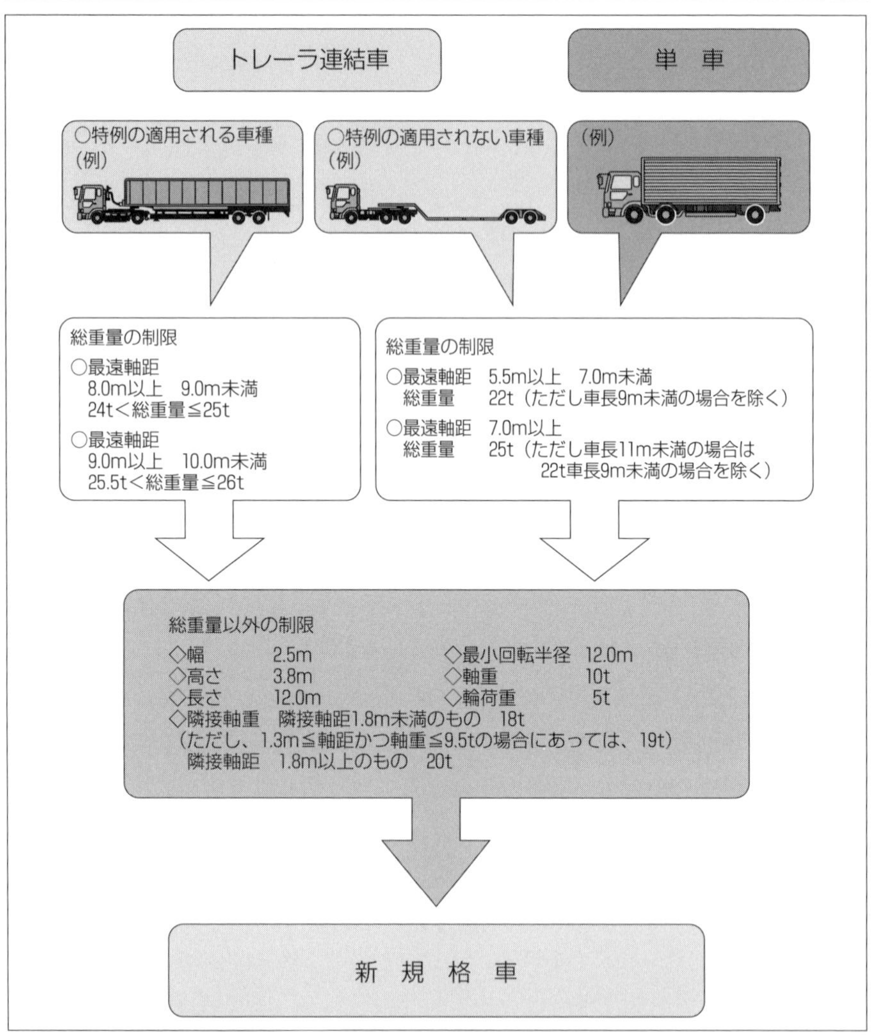

（国土交通省関東地方整備局ホームページ、公益財団法人日本道路交通情報センター資料を基に作成）

新規格車が特殊車両としてみなされる主な理由は積載重量です。多くの新規格車が最大積載量を積むと、22t や 25t などになります。高速自動車国道や重さ指定道路（総重量 25t までは自由に走行できる）は許可なく走行できますが、重さ指定がない国道や県道、市道を走行する場合には特殊車両通行許可申請を行う必要があります。そして忘れてはいけないことが、上述したとおり、新規格車が特殊車両としてみなされる主な理由は積載重量です。つまり往復経路のうち、荷卸し後は総重量が20tを下回り、特殊車両に該当しないので片道の往路申請だけで足りるということです。復路も申請すると、行政に支払う手数料も2倍になってしまうので、行政書士として片道申請だけで足りることをしっかりとアドバイスできるようにしておきましょう。

図表1-4　参考：新規格車の特徴

（国土交通省関東地方整備局ホームページ、公益財団法人日本道路交通情報センター資料を基に作成）

3　特殊車両通行許可申請の意義

行政書士業務の他の許可申請もそうですが、許可制を敷いている以上、そこには許可制にする意味があります。特殊車両通行許可申請の意義をしっかりと理解し、自ら行う『特殊車両通行許可申請』がどのような社会的影響力を持っているかを把握しましょう。そして、『特殊車両通行許可申請』を通して、運送会社と行政との橋渡しをしていることを実感できれば、単なる申請業務として考えることなく、やりがいや達成感を味わうことができるでしょう。申請実務上はあまり関係ない内容かもしれませんが、自らの業務の社会的意義を理解するためにも、読み飛ばさず、熟読していただきたい内容となっています。

（1）根拠法を読み解く

まずは特殊車両通行許可申請の根拠法となる道路法を読み解いていきます。特殊車両通行許可申請の目的をしっかり理解し、大まかな仕組みを把握しましょう。

① 目的

> 道路法第１条（この法律の目的）
>
> この法律は、道路網の整備を図るため、道路に関して、路線の指定及び認定、管理、構造、保全、費用の負担区分等に関する事項を定め、もつて交通の発達に寄与し、公共の福祉を増進することを目的とする。

[解説]

道路法の目的を簡単に表すと、『交通インフラの整備・発展のため、交通インフラを使用する者にはそれ相応の負担をさせる』ということです。つまり、特殊車両通行許可申請において行政に支払う手数料が発生する理由はまさにここにあります。特殊車両を通行させるたびに道路は劣化します。さらに、特殊車両が通行しても耐えられる新たな交通インフラを整備していかなくてはなりません。そこで、特殊車両を通行させる運送事業者は交通インフラの保全・整備のために金銭的な負担をしなくてはいけないということです。受益者負担の原則に基づく制度といえます。もし、特殊車両通行許可申請を適正に行わず、無許可のまま特殊車両を走行させている運送事業者が存在するとしたら、それは交通インフラを傷めても金銭的負担から免れていることになります。さらに、許可申請を適正に行う運送事業者が負担している手数料収入をもとに新たな交通インフラが整備されれば、今まで金銭的負担を免れ続けてきたその運送事業者がただ乗り的に使用することになります。法に則った許可申請を行っている事業者の負担のうえに、悪質な事業者が運送事業を展開する事態となることは許しがたいことです。公平負担の原則からしても、特殊車両通行許可申請を適正に行うことは運送事業者にとって必要です。

②　通行の禁止と制限

> 道路法第 46 条（通行の禁止又は制限）
> 道路管理者は、（中略）、道路の構造を保全し、又は交通の危険を防止するため、区間を定めて、道路の通行を禁止し、又は制限することができる。
> 一　道路の破損、欠壊その他の事由に因り交通が危険であると認められる場合
> 二　道路に関する工事のためやむを得ないと認められる場合

[解説]

ここでいう道路管理者とは、国道事務所をはじめとした各地方自治体です。特殊車両通行許可申請を行うと、不許可となる場合もあります。その場合の根拠となる条文です。まず、『道路の構造を保全し』という部分ですが、例えば申請があった車両の総重量を考慮すると、道路が破損してしまう又は橋梁が重量に耐えきれずに崩落してしまう危険性がある場合に通行を認めることはできません。また、『交通の危険を防止する』という部分ですが、申請があった車両の長さを考慮すると、交差点部分にて対抗車線を通行する他の車両の交通を妨害し、危険であると考えられる場合にはやはり通行を認めることはできません。

③　車両制限令への委任

> 道路法第 47 条
> 道路の構造を保全し、又は交通の危険を防止するため、道路との関係において必要とされる車両（中略）の幅、重量、高さ、長さ及び最小回転半径の最高限度は、政令で定める。

[解説]

特殊車両通行許可申請を理解するためには欠かせない一般的制限値（P14）について記載されている条文です。ここは道路法と車両制限令との関係がわ

かる条文でもあります。道路法では①道路の構造を保全し、②交通の危険を防止するために必要な車両の幅、重量、高さ、長さ及び最小回転半径の存在を示し、その最高限度の詳細は政令にて定めるとしています。この政令こそが車両制限令です。幅、重量、高さ、長さ及び最小回転半径の最高限度の具体的な数値は一般的制限値として車両制限令に記載してあります。行政書士試験を学習してきた読者の方ならば、すぐにピンときたはずです。そう、これが『委任立法』です。国会（立法府）で法律の概要を定め、具体的な事項については内閣（行政府）に決定権を委任しています。立法府が道路法（法律）を定め、行政府がその具体的内容を車両制限令（政令）によって定めているという構造を理解してください。

④　車両制限令における一般的制限値

車両制限令第3条（車両の幅等の最高限度）

法第47条第1項の車両の幅、重量、高さ、長さ及び最小回転半径の最高限度は、次のとおりとする。

一　幅　2.5メートル

二　重量　次に掲げる値

イ　総重量　高速自動車国道又は道路管理者が道路の構造の保全及び交通の危険の防止上支障がないと認めて指定した道路を通行する車両にあつては25トン以下で車両の長さ及び軸距に応じて当該車両の通行により道路に生ずる応力を勘案して国土交通省令で定める値、その他の道路を通行する車両にあつては20トン

ロ　軸重　10トン

ハ　隣り合う車軸に係る軸重の合計　隣り合う車軸に係る軸距が1.8メートル未満である場合にあつては18トン（隣り合う車軸に係る軸距が1.3メートル以上であり、かつ、当該隣り合う車軸に係る軸重がいずれも9.5トン以下である場合にあつては、19トン）、1.8メートル以上である場合にあつては20トン

ニ　輪荷重　5トン

三　高さ　道路管理者が道路の構造の保全及び交通の危険の防止上支障がないと認めて指定した道路を通行する車両にあつては 4.1 メートル、その他の道路を通行する車両にあつては 3.8 メートル
四　長さ　12 メートル
五　最小回転半径　車両の最外側のわだちについて 12 メートル

[解説]

冒頭にある『法第 47 条第１項』とは道路法第 47 条第１項のことです。道路法から委任を受け、最高限度に関しては政令である車両制限令に定めてあります。

⑤　一般的制限値を超えた車両の通行許可

道路法第 47 条の２（限度超過車両の通行の許可等）

道路管理者は、車両の構造又は車両に積載する貨物が特殊であるためやむを得ないと認めるときは、前条第２項の規定又は同条第３項の規定による禁止若しくは制限にかかわらず、当該車両を通行させようとする者の申請に基づいて、通行経路、通行時間等について、道路の構造を保全し、又は交通の危険を防止するため必要な条件を付して、同条第１項の政令で定める最高限度又は同条第３項に規定する限度を超える車両（中略）の通行を許可することができる。

[解説]

特殊車両通行許可申請の中心となる条文です。車両の構造又は貨物が特殊なものという特殊車両の定義が定められています。そして、『当該車両を通行させようとしている者の申請』というのが、本書の中心テーマでもある特殊車両通行許可申請です。当たり前のことですが、車両の構造又は貨物が特殊なものが申請の対象であり、許可の対象ですので、特殊車両以外は当該条文の対象にはなりません。特殊車両に関して、特に申請の必要性を定めているということです。また、許可の条件として『必要な条件』を付すことがあ

ります。この『必要な条件』とは以下のものです。

図表 1-5　通行条件

<table>
<tr><th rowspan="2">記号区分</th><th colspan="2">内　容</th></tr>
<tr><th>重量に関する条件</th><th>寸法に関する条件</th></tr>
<tr><td>A</td><td>特別な条件を付さない。</td><td>特別な条件を付さない。</td></tr>
<tr><td>B</td><td>徐行をすることを条件とする。</td><td>徐行をすることを条件とする。</td></tr>
<tr><td>C</td><td>以下を条件とする。
①徐行をすること。
②他の車両との距離を確保することによって、通行する車線の一の径間を同時に通行する他の車両がない状態で通行すること。
③②のため、許可車両の後方に1台の誘導車を配置し通行すること。</td><td>（屈曲部、幅員狭小部又は上空障害個所の通行の場合）
以下を条件とする。
①徐行をすること。
②対向車等との衝突、接触その他事故の危険を生じさせない状態で通行すること。
③②のため、許可車両の前方に1台の誘導車を配置し、その連絡又は合図を受けて通行すること。

（交差点の左折又は右折の場合）
以下を条件とすること。
①徐行をすること。
②対向車等との衝突、接触その他事故の危険を生じさせない状態で通行すること。
③②のため、許可車両の前方に1台の誘導車を配置し、その連絡又は合図を受けて、誘導車に続いて左折又は右折すること。</td></tr>
<tr><td>D</td><td>以下を条件とする。
①徐行をすること。
②他の車両との距離を確保することによって、通行する車線の一の径間を同時に通行する他の車両がない状態で通行すること。
③②のため、許可車両の後方に1台の誘導車を配置し通行すること。
④隣接する車線の前方（隣接する車線が同一方向の車線である場合は後方）を十分に確認し、他の車両が隣接車線を通行しようとしているときは橋梁等への進入を控えることなどによって、可能な限り、隣接する車線における一の径間を同時に通行する他の車両がない状態で通行すること（すれ違い、追越し等によってやむを得ず他の車両が一の径間を通行することとなるときは一時停止すること。）</td><td></td></tr>
</table>

（注）「徐行」とは、車両等が直ちに停車することができるような速度で進行することをいう。
（注）誘導車は、特殊車両以外の車両で、国土交通省が提供するオンライン教材による講習又はこれに準ずるものとして国土交通省のホームページに掲載された講習を受講した者（有効な講習修了書を有する者に限る）が運転するものであることを確認できるものに限る。

ポイントは３つあります。１つ目は、ご覧の通り重量に関する条件はＡ～Ｄまで条件があるのに対して、寸法に関してはＡ～Ｃまでの条件があるということ。２つ目としては、重量に関する条件に関しては連行禁止があるということ。なぜ、重量に関する条件だけ連行禁止があるのかというところを考えて頂きたいのです。連行とは、２台以上の特殊車両が縦列をなして同時に橋、高架の道路などの同一経間を渡ることです。橋の上などで、特殊車両が連行してしまうと橋に対して大きな負荷がかかってしまうことになり、崩落の危険性があります。そこで、特殊車両の連行を禁止し、橋に係る負担を緩和しようということです。３つ目は誘導車の有無です。さて、誘導車を付けることによって、どのような効果が期待できるでしょうか。当該特殊車両後方に誘導車を配置することで、当該特殊車両の一定の範囲内から他の車両を排除することができます。そうすることによって、連行を予防することができます。また、寸法の条件に関して、誘導車の効用は交差点を曲がる際に表れます。長さや幅のある特殊車両が右折または左折する場合は対向車線の進行を妨げる可能性があります。誘導車を前方に配置することで先行車から当該特殊車両まで一定の距離を設けられ、交通の危険を最小限にした状態で右折または左折を行うことができます。

⑥　通行時間帯に関する条件

次に該当するものについては夜間通行（午後９時～午前６時まで）とする。 (1)　重量に関する条件が、Ｄ条件となる車両 (2)　寸法のうち幅に関しての通行条件がＣ条件となり、かつ車両の幅が3mを超える車両

上記以外でも、『交通混雑が予想される市街地を通行する場合は、当該区間での通行混雑時の通行をさけること』等の条件を付すこともあります。

事前準備のヒアリング（第２章）でも詳しく解説しますが、上記の条件に関してはお客様と念入りに打ち合わせをする必要があります。例えば、重量のＣ条件（徐行及び連行の禁止及び当該車両の後方に誘導車を配置することを条件とする）が付けば、お客様は誘導車を確保するのに事前の準備があり、運送コストも増加します。C条件が付かない経路での再考が行政書士には求められます。

4　特殊車両通行許可申請の現状

特殊車両通行許可申請業務に取り組む前に、この申請の規模や審査期間及び審査期間に大きく影響する道路情報便覧の収録状況を把握しておきましょう。現状を把握することで、業界が抱える問題点が浮き彫りになります。また、その問題点に対して、自らの意見を持ってお客様と接することができれば、お客様からの厚い信頼を得られることができるでしょう。

（1）全国許可件数の推移

図表1-6　全国許可件数の推移（令和2年度まで）

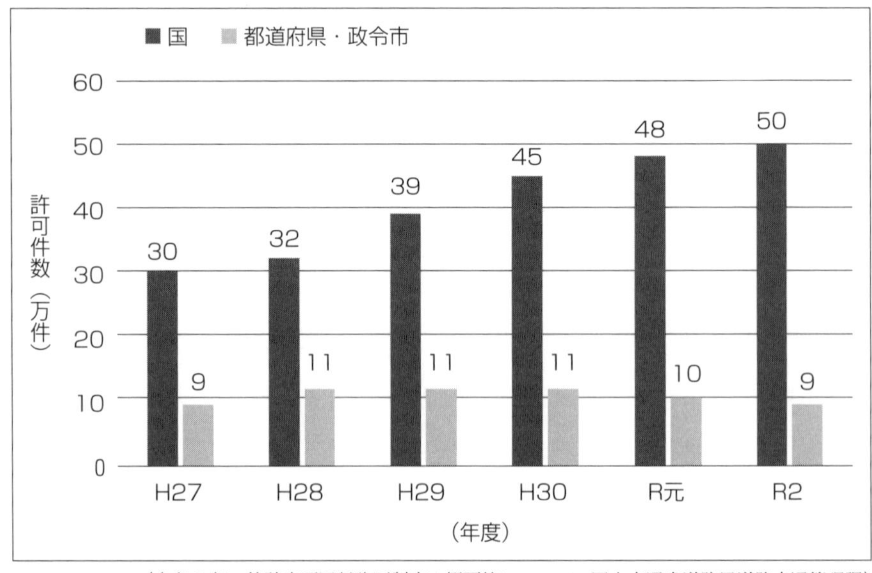

（令和３年　特殊車両通行許可制度の概要等について　国土交通省道路局道路交通管理課）

[解説]

特殊車両通行許可件数は年々右肩上がりです。このグラフの件数は許可件数なので、申請件数ともなれば件数はさらに多くなるでしょう。許可件数が年々増加している背景には荷主企業の変化があると考えられます。ここでいう荷主企業とは大手ゼネコンをはじめとする建設会社です。建設現場を取り仕切る建設会社は資材を運搬してくる運送会社に特殊車両通行許可を厳格に求めるようになりました。その理由は公共工事などに関わる建設会社は特殊車両通行許可を取得している運送会社に依頼するか否かで公共工事受注の点数が変わってくるからです。運送会社関係者の話によると、一昔前までは、オンライン申請をした際の到達確認シートや窓口申請をした際の受付印を受けた申請書など、申請中である書類を提示するだけで工事現場に資材を搬入できていたそうです。しかし、今は許可証を提示しなくては現場ゲートで止められるとのことです。最も厳密に特殊車両通行許可を判断する建設会社では、運送会社の車両にGPSを載せることを義務付け、申請経路をしっかりと通行してきたかというところまで確認します。運送会社だけでなく、建設会社の方針転換によっても特殊車両通行許可申請は大きく影響を受けます。したがって、運送業界だけでなく、建設業界の動きも把握できるように努めましょう。

（2）全国の地方整備局別申請受理件数

図表 1-7　全国の地方整備局別申請受理件数（平成 28 年）

（単位：件）

北海道	東北	関東	北陸	中部	近畿	中国	四国	九州	沖縄
10,219	23,672	102,960	10,834	79,178	37,078	29,153	11,109	33,327	1,914

※本集計は特車許可データベースより抽出したものであり、各種集計との誤差がある場合があります。

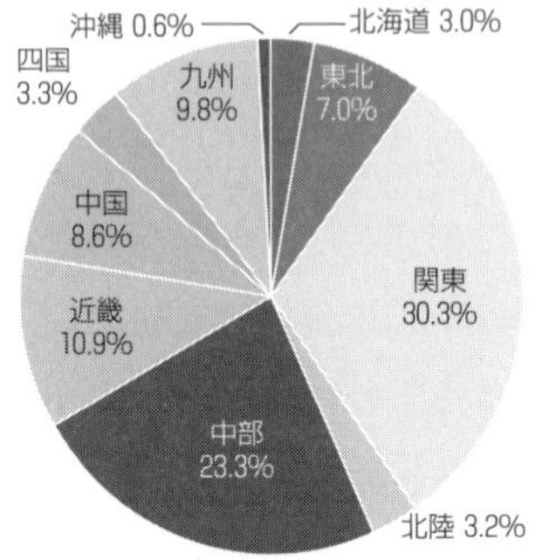

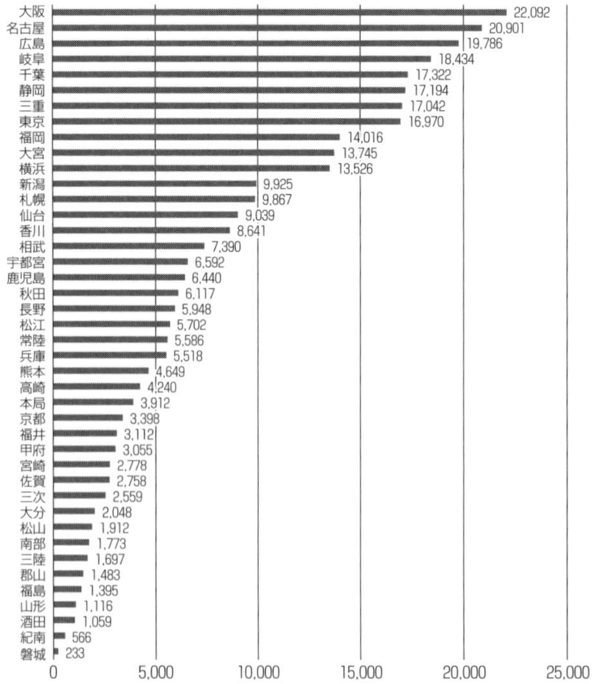

沖縄 0.6%
北海道 3.0%
四国
3.3%
九州
9.8%
東北
7.0%
中国
8.6%
関東
30.3%
近畿
10.9%
中部
23.3%
北陸 3.2%

大阪 22,092
名古屋 20,901
広島 19,786
岐阜 18,434
千葉 17,322
静岡 17,194
三重 17,042
東京 16,970
福岡 14,016
大宮 13,745
横浜 13,526
新潟 9,925
札幌 9,867
仙台 9,039
香川 8,641
相武 7,390
宇都宮 6,592
鹿児島 6,440
秋田 6,117
長野 5,948
松江 5,702
常陸 5,586
兵庫 5,518
熊本 4,649
高崎 4,240
本局 3,912
京都 3,398
福井 3,112
甲府 3,055
宮崎 2,778
佐賀 2,758
三次 2,559
大分 2,048
松山 1,912
南部 1,773
三陸 1,697
郡山 1,483
福島 1,395
山形 1,116
酒田 1,059
紀南 566
磐城 233

0　5,000　10,000　15,000　20,000　25,000

（中部地方整備局特車講習資料）

[解説]

関東地方整備局や中部地方整備局での申請件数の多さが目立っています。厳密にいうと、特殊車両通行許可申請の審査は国道事務所ごとに行うので、国道事務所ごとの申請件数が、審査が混んでいるか否かを把握するためには参考になります。申請実務の章（第２章）でも解説しますが、直轄国道を通行している申請経路の場合、全国の国道事務所等に申請を提出することができます。申請件数が多いところでは、審査に携わる人員も多いので、一概に申請受理件数をベースに審査が早いか遅いかは判断できませんが、参考にしてみてください。

（３）審査日数の内訳

図表1-8　審査日数の内訳

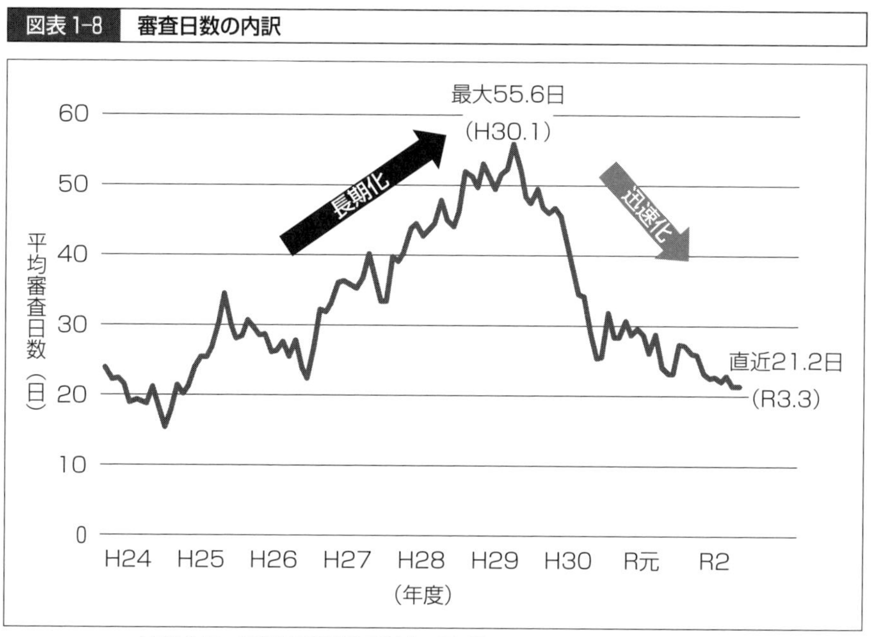

（令和３年　特殊車両通行許可制度の概要等について　国土交通省道路局道路交通管理課）

[解説]

平成29年半ばまでは審査期間は長期化する傾向にありましたが、平成29年半ば以降は審査の合理化を進め迅速化する傾向にあります。直近のデータでは、審査機関が21.2日となっています。国道事務所にオンライン申請する場合、早くとも３日程度、遅いところで２週間程度塩漬け期間が発生します。この塩漬け期間とは申請書の確認及び確認に入るまでの待機期間です。もちろん、すぐに確認の完了する申請もありますが、前日までの申請分の確認が完了していなかったり、確認に時間を要する申請などが存在するため、この塩漬け期間が発生します。また、この塩漬け期間に関しては、申請経路に未収録路線あるいは個別審査が含まれているか否かでも変わってきます。なぜならば、未収録路線あるいは個別審査が含まれている申請と、含まれていない申請ではそもそも審査開始順位に差をつけているからです。したがって、3日前に提出された①申請経路に未収録路線あるいは個別審査が含まれている申請と②本日提出した申請経路に未収録路線あるいは個別審査が含まれていない申請とを比べると、②のほうが、審査開始が早いということが多々あります。申請経路に未収録路線あるいは個別審査箇所がある場合は、提出先国道事務所の吟味が必要です。

また国道事務所の塩漬け期間はさることながら、各自治体（道路管理者）による審査に大きな差があります。あくまでも私の経験談ですが、回答までの期間が短い自治体で、国道事務所から協議が回ってきて3日程度、回答期間が長い自治体では2ヶ月程かかるところもあります。協議有りの申請書についてお客様から進捗確認の依頼（いつごろ許可が出そうかなど）をいただいた際には、提出先国道事務所ではなく、協議先自治体に問い合わせたほうがより正確な許可日を予測することができます。申請数を数多くこなすことで、『あの自治体は回答までの期間が長いな』などと分かってきます。そのことを念頭に、お客様にも許可日に関する情報提供ができれば素晴らしいことだと思います。

また許可までに日数がかかるポイントとして忘れてはいけないところが、手数料納付のタイミングです。国道事務所によっては手数料納付書を郵送し、納付が確認できるまで許可証を発行しないという方針も散見されます。国道事務所によっては許可証発行後、納付書が送られてくる場合もありますが、前者のほうが多数派だと感じています。特殊車両通行許可申請は許可証発行までの早さが何よりも求められる申請業務です。納付書が届き次第、お客様にはすぐ納めて頂くようにしましょう。余談ではありますが、手数料納付書にて手数料を納めたとしても国道事務所のシステムに反映されるまで多少のタイムラグがあります。そこで、国道事務所の中には納付書にて手数料を納めた際にもらえる受領印をFAXすればタイムラグを短くし、許可証発行手続きに移ってもらえるという粋な計らいをしてくれる国道事務所もあります。

（４）道路情報便覧の収録状況

図表1-9　道路情報便覧の収録状況

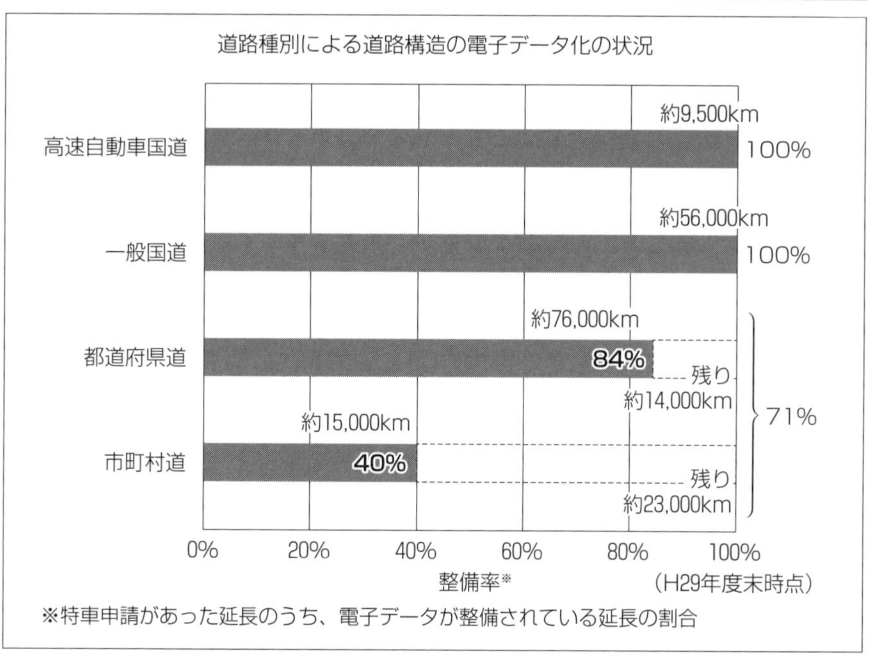

（北海道開発局建設部建設行政課：車載型センシング装置を活用した道路情報便覧収録による特殊車両通行許可の迅速化の取組について）

[解説]

高速自動車国道、一般国道、主要地方道は国道事務所の努力によって100％収録となっています。例外として、新規開通区間の高速自動車国道などは便覧更新のタイミングまでは収録されません。都道府県道や市町村道を見てみると、まだ収録化が十分とは言えない状況です。経験談の話になってしまいますが、建設機械や資材を運び入れる現場の前面道路はほとんどの場合、未収録道路となっています。現場を目的地とする特殊車両通行許可取得までの期間が長いのはそこに原因があります。いち早く収録化を望むところです。

また、国交省では平成29年～平成31年まで申請件数が多い路線から順に、収録化を重点実施しました。もし、お客様の資材置き場前面道路が未収録道路になっている場合には国道事務所などに要望を上げるのも一つでしょう。

第１章のまとめ

この章では特殊車両通行許可申請の全体像を見てきました。基礎知識の習得は勿論ですが、お客様と問題意識共有のためには行政の動き、そして運送業界全体の動きに敏感になるようにしましょう。お客様のもとへ訪問する際には、何か１つ新しい情報を提供できるよう心掛けが必要です。情報収集のツールとしては、行政関係であればオンラインシステムのお知らせ、運送業界であれば専門紙の購読をお勧めします。

特殊車両通行許可申請は奥が深い申請業務です。決められたフォーマットに正しい事項を記載するだけでは十分と言えません。車両台数が多いお客様にはいかに効率的な申請方法を提案できるか、いかに許可を早く取得することができるか、許可取得後のフォローがしっかりできるかが鍵となります。行政書士業務の他の許認可申請業務に比べ、お客様と長い関係性を築く必要があります。その点、どうしたらお客様の手間を減らせることができるのか、どうすればお客様に喜んでいただけるかを常に考えなくてはなりません。

日々、変化する行政制度、業界事情についていけるよう自己研鑽を続けていきましょう。

（佐久間）

第2章
申請実務

いよいよ申請実務の章です。実務は申請書を作成するところからではなく、お客様へのヒアリングからすでに始まっています。このヒアリングを丁寧に行うことで、お客様の意向に添う形の申請が行えます。まずは面談の際に何をヒアリングすべきかをまとめ、その後オンライン上でいかに申請書を作成するかを解説します。本書の中心的な内容となっていますので、実際に画面操作をしながら本書を読んでいくと理解も早いと思います。

1　ヒアリングの実務

（1）ヒアリング項目

お客様との面談の際にヒアリングを丁寧にしましょう。このヒアリングの精度が申請書の完成度に大きく影響しますし、実は今後の依頼にも繋がる重要な要素となります。要素を踏まえて、もれなくヒアリングできるようにしましょう。以下、ヒアリングの際に必要な情報です。

①　車種

特殊車両の中には、海上コンテナや低床トレーラなど種類が豊富にあります。申請書はこの車種ごとに作成するため、車種の種類によっては申請書の枚数が変わってくるので、しっかりとチェックしてください。申請時に必要となるので、車検証のコピーをもらっておきましょう。

②　台数

車両台数は報酬額を決定するうえで、重要な要素になります。同じ車種であれば包括申請することが可能ですが、お客様の中にはできるだけ多くの貨物を積めるようにしてほしいとの意向もあり、同じ車種でも最大積載量によって申請書を分ける場合もありますので、併せてヒアリングしましょう。

③　経路

出発地・目的地の住所と名称を確認しましょう。経路を確定させる場合には次の２点に気を付けてください。１点目は、通行経路です。出発地から目的地までの経路選定を一任される場合もありますが、多くは必ず通行したい道路や指定の高速道路出入口があります。お客様の希望がある際にはもれなくヒアリングしましょう。また、出発地あるいは目的地の前面道路は未収録路線である場合が多々あります。未収録路線はデジタル地図上での算定ができないため、目的地・出発地の前面道路における搬出入経路はしっかりとお客様に確認しましょう。また、高速を使用するべきか一般道のみの使用かも確認が必要です。

この章では度々『完成度の高い申請書』という文言が登場しますが、この『完成度の高い申請書』とはお客様が満足する申請書ということです。ただ許可を取得するだけではなく、お客様が普段から利用している道路を入れた経路を作成するようにしましょう。

④　積載物

特例８車種の申請においては積載物の記載が省略されますが、それ以外の車種の場合、積載物についてもしっかりと確認しましょう。まずは積載物の重量です。この重量が車検証上の最大積載をオーバーしていないかどうかは重要です。次に寸法です。縦、横、高さを正確にヒアリングしましょう。この積載物の寸法が、後に解説する諸元入力画面において特に重要になってきます。注意すべき点は、車両に当該物品を積載した際に車両からはみ出るかどうかです。車両幅よりも幅が大きい、又は車両全長よりも長い場合は申請書を作成する際に諸元入力の仕方が変わりますので注意が必要です。

⑤　条件

前章でも解説したとおり、通行条件にはＣ条件やＤ条件などがあります。これらＣ条件やＤ条件についてどこまでの条件が許容できるのかを確認してください。例えば、Ｃ条件までならばよいというお客様もいますし、夜間通行が前提の許可申請なのでＤ条件まで許容できるというお客様もいます。お客様の許容できる通行条件を念頭に経路作成することになります。

⑥　業務内容

重量品輸送には大きく分けて、２つの業務があります。１つ目は決まった目的地にしか運送しない『定期経路タイプ』、２つ目は申請ごとに運送の目的地である現場が変わる『現場タイプ』です。『定期経路タイプ』では経路の変更はほとんどなく、車番変更や新車導入のための申請が主となります。このタイプのお客様では、許可証の許可期限の管理、車番変更及び新車導入時の手続が重要となってきます。特車申請業務に加え、許可証の管理を提案することで持続的な案件受注が可能になります。一方『現場タイプ』では日々、新しい現場への申請が必要となりますので、申請ごとに経路が違います。そのため、一度受任できたのであれば多くの現場案件の受注が可能となります。担当するお客様が『定期経路タイプ』か『現場タイプ』かを把握し、次回の案件受注に繋げられるようにしましょう。

（２）ヒアリングを終えて

ヒアリングを終えていよいよ申請業務に移りますが、申請業務中にもお客様に確認する事項が新たに生じる場合もあります。例えば、お客様が指定した経路は実際には通れない、又はお客様の許容する条件で通行できない場合が算定後に発覚することがあります。その場合は、躊躇することなくお客様に経路の変更をお願いしましょう。その際の注意点ですが、『ご指定いただいた経路は通行できません。いかがいたしましょうか。』という確認方法は絶対にしてはいけません。お客様は忙しいからこそ、私たち行政書士に特殊車両通行許可申請を依頼する場合もあります。迂回路の検討はお客様の手を煩わせてしまう可能性がありますので避けましょう。特殊車両通行許可申請のプロとして、行政書士の側から迂回路を提案しましょう。例えば、『ご指定いただいた経路からの搬入は難しそうです。現場北東からの経路ならば通行できます。』という提案はいかがでしょうか。また、お客様が指定した重量ですとどうしてもＤ条件が付く場合もあります。この場合は具体的にどれくらい減トンすればＣ条件で通れるようになるのかを明確に伝えましょう。例えば、『ご指定いただいた重量ですとＤ条件となってしまいます。積載重量を3t減らすと、Ｃ条件になります。』という提案ができれば、お客様も私たち行政書士に指示がしやすいと思います。自分がお客様の立場になって、どういう考えで行政書士に依頼するのかということを想像してみましょう。

2　申請実務（新規申請）

いよいよここからが特殊車両通行許可オンラインシステムを用いた申請実務です。申請実務に関して大まかな流れを以下にまとめました。

Step 1　お客様情報の登録を行いIDとパスワードを取得
Step 2　申請書の作成
Step 3　積載物の入力　※特例８車種を除く
Step 4　車両情報の入力
Step 5　経路情報の入力
Step 6　申請書作成予約
Step 7　算定書の確認
Step 8　申請書の提出

上記、８つのステップから申請実務はなります。

①～⑧までのステップの詳細を解説していきます。初めは実際にオンライン申請システムを起動させながら行ってみてください。

お客様情報の登録を行いIDとパスワードを取得

❶　特殊車両通行許可オンライン申請画面にて、『通行許可システムへのログイン・通行確認システムへのログイン』を選択します。

❷　『新規登録』を選択します。

❸　申請者選択画面にて『代理人』を選択します。

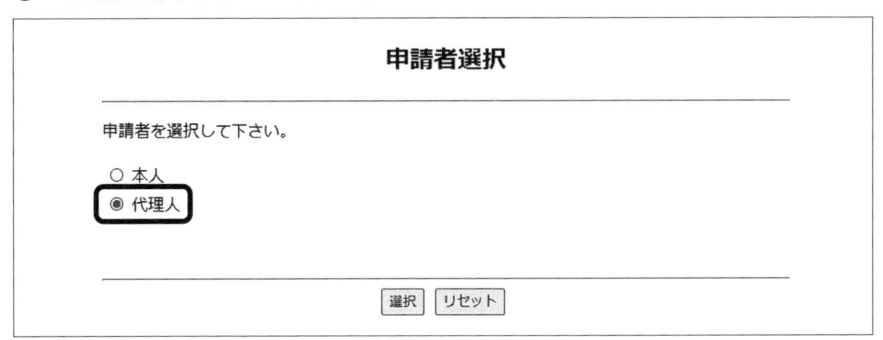

行政書士が申請する場合は必ず代理人を選択するようにしてください。本人申請とは運送事業者が自社で申請する場合に使用します。

❹ ユーザ情報登録画面にて必要事項を記載します。

〔申請者の情報を記載〕

申請者

法人区分等 選択してください
会社名・氏名（漢字）
会社名・氏名（カナ）
※株式会社などの法人区分等は入力を省略して下さい。
代表者名（漢字）
代表者名（カナ）
郵便番号 - 住所自動設定
住所（都道府県） 都道府県を選択してください
※住所は漢字で入力して下さい。
住所（市区町村） 郵便番号自動設定
住所（丁目番地）
住所（ビル名）
市外局番 局番 番号
電話番号 - -

　間違えやすいポイントとしては『会社名』です。『法人区分』の欄で前株や後株を選択しますので、株式会社や有限会社は記載しないようにしましょう。

〔申請担当者を記載〕

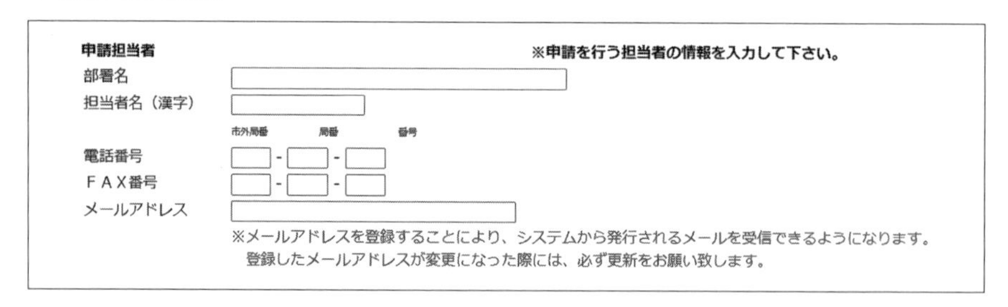

申請担当者

※申請を行う担当者の情報を入力して下さい。

部署名
担当者名（漢字）
市外局番 局番 番号
電話番号 - -
ＦＡＸ番号 - -
メールアドレス
※メールアドレスを登録することにより、システムから発行されるメールを受信できるようになります。
登録したメールアドレスが変更になった際には、必ず更新をお願い致します。

　ここでいうところの申請者とはお客様側の担当者です。代表自らが申請者になることもあれば、車両部などに特車申請担当者がいることもありますので、お客様からヒアリングしましょう。

〔申請代理人を記載〕

申請代理人

続柄

Ⓐ 代理人区分　選択してください　※「行政書士」「その他」等の選択

Ⓑ 行政書士登録番号　※数字８桁

代理人名（漢字）

代理人名（カナ）

郵便番号　-　住所自動設定

住所（都道府県）　都道府県を選択してください　※住所は漢字で入力して下さい。

住所（市区町村）　郵便番号自動設定

住所（丁目番地）

住所（ビル名）

市外局番　局番　番号

Ⓒ 電話番号　-　-

ＦＡＸ番号　-　-

メールアドレス

申請代理人とは行政書士のことです。行政書士の情報を記載していきます。

Ⓐ　代理人区分

『行政書士』にしましょう。

Ⓑ　行政書士登録番号

行政書士会会員証に表記してある８ケタの番号です。

Ⓒ　電話番号及びメールアドレス

国道事務所に提出後、国道事務所から問い合わせが受けられる電話番号を記載してください。事務所の固定電話番号でも、自分の携帯電話番号でも構いません。また、審査が受け付けられたメールや審査が終了したメールが記載するメールアドレスに送られますので、正確に記載しましょう。

最下部の『登録』を選択すると、ID・パスワードが発行されます。

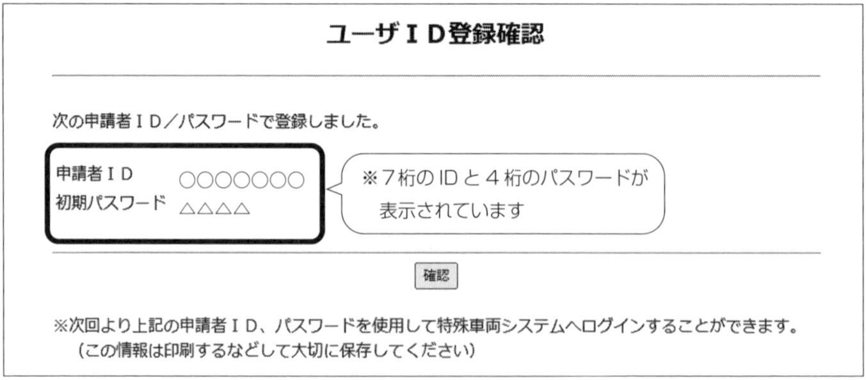

ユーザＩＤ登録確認

次の申請者ＩＤ／パスワードで登録しました。

申請者ＩＤ　○○○○○○○
初期パスワード　△△△△

※７桁のIDと４桁のパスワードが表示されています

確認

※次回より上記の申請者ＩＤ、パスワードを使用して特殊車両システムへログインすることができます。
（この情報は印刷するなどして大切に保存してください）

IDとパスワードが発行されました。次回以降申請の際に使用するので、しっかり保存しておいてください。

Online System Step 2 申請書の作成

いよいよ申請書の作成に移ります。ここでは、ID とパスワードを取得後の操作について解説します。

❶ ID とパスワードを入力します。

Step 1 で取得した ID とパスワードを入力しますが、３回連続で間違えるとパスワードロックがかかりますので正確に入力しましょう。

❷ 令和４年４月１日より、新たな『特車通行確認制度』が施行されました。この画面では利用する制度を選択していきます。

本章では従前からの『特車通行許可制度』を利用するため、『特車通行許可制度申請データ作成』を選択します。

❸ 『申請支援システムメニュー』を選択します。

特殊車両システム

特殊車両システムへようこそ

【最新のお知らせをこちらからご確認ください。】

申請支援システムメニュー

❹ 『申請データ作成』を選択します。

❺『代理人』にチェックし、❻『選択』を選択します。

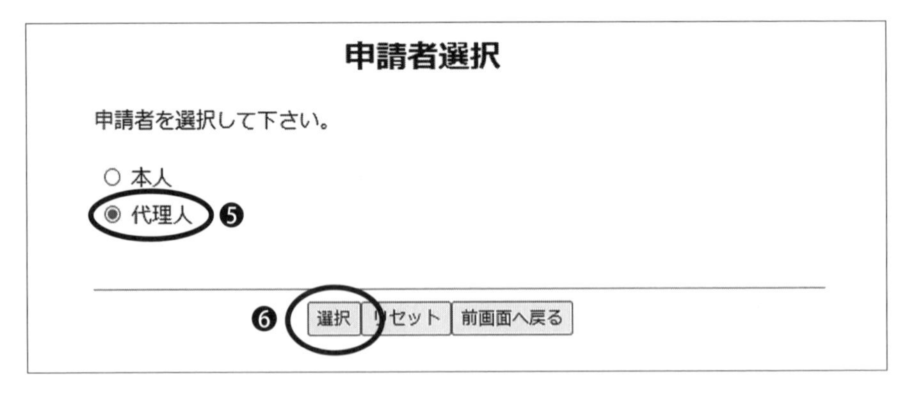

❼ 申請書の入力方法を選択します。

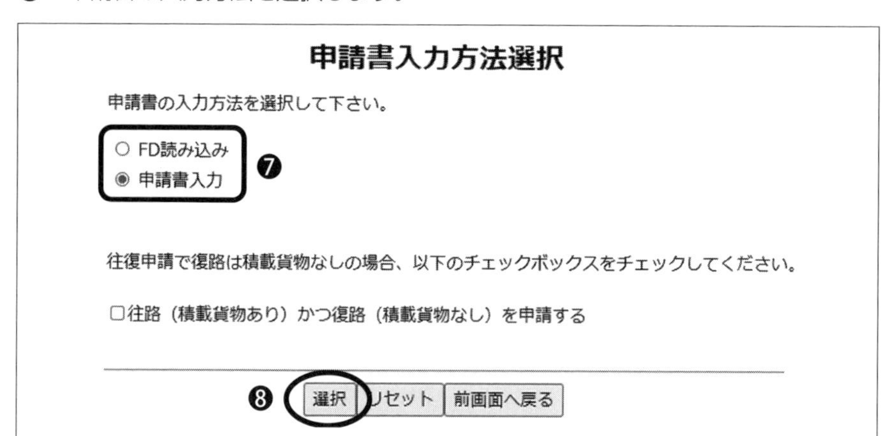

ここでは『FD 読み込み』と『申請書入力』があります。『FD 読み込み』とは後程解説する『tks データ』や『bin データ』を読み込む際に使用します。『tks データ』や『bin データ』は申請書のデータですので、読み込めばその申請データをそのまま使うことができます。例えば、車両は同じで経路だけ変えたい場合や、経路は同じだけど、車両だけ変えたい場合などに使用すると便利です。この Step では特車申請を初めて行う方向けなので、『tks データ』や『bin データ』はないという前提で、『申請書入力』を選択します。

❽ 『選択』を選択します。次の『申請種類選択』画面に移ります。
❾ 申請種類を選択します。

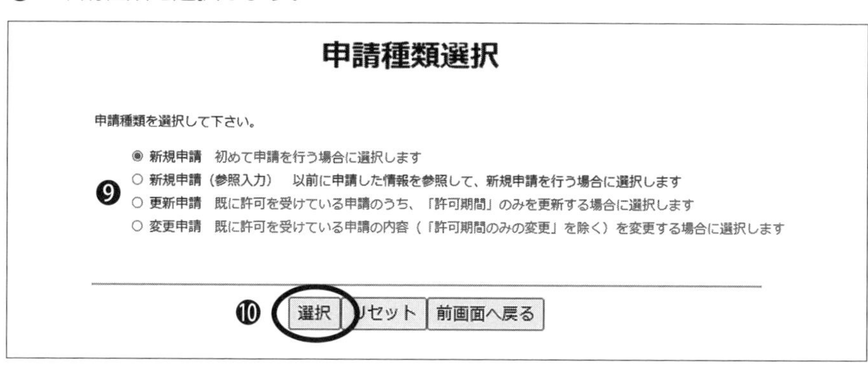

今回は初めて申請書を作成することが前提なので、『新規申請』を選択しま

す。更新申請や変更申請は後ほど説明します。

❿ 『選択』を選択します。次の画面である『申請書入力（新規）』画面に移ります。
⓫ まずは『申請日』を設定します。

⓫
申請書入力（新規）

申請日 令和 5 年 4 月 1 日
通行開始日 令和 5 年 4 月 2 日 通行終了日 令和 7 年 4 月 1 日

この日付は実際に申請書を提出する日付にします。設定した日付と実際の申請日が異なる場合には差し戻されてしまいますので、訂正する作業が必要となることもあります。

次に通行期間の設定です。これは『通行開始日』と『通行終了日』で指定します。通行開始日は申請日と同日にはできません。申請日の翌日以降を記載してください。許可期間は基本的には2年間ですので、通行終了日は2年後の前日を記載してください。例えば、令和5年4月1日～令和7年3月31日などです。また、車両の諸元によっては許可期間が1年となりますので注意が必要です。

『申請者』『申請担当者』はIDとパスワードを取得する際に記載した内容と同じものが表示されます。『申請代理人』の欄は空欄になっていますので、記載しましょう。

最後に『申請車種』『申請経路』の設定です。
⓬ 申請車種を設定します。
新規格車などの単車ならば『トラック』、自走するクレーン車などの建設機械ならば『建設機械類』を選択しましょう。詳しくは『申請車種とは』を選択すると、姿図が表示されますので該当する車種を選択してください。

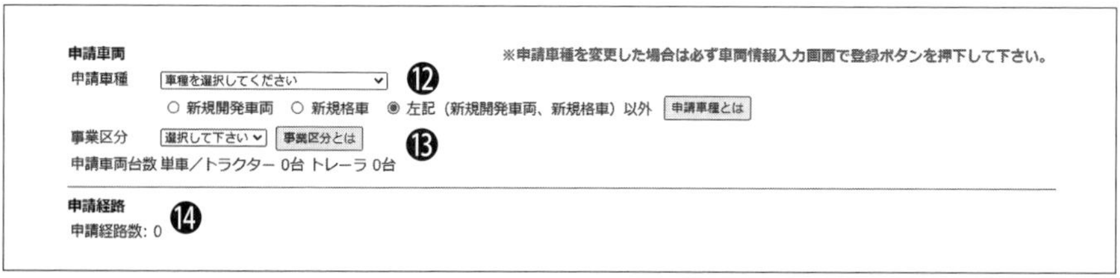

申請車両
申請車種 車種を選択してください ⓬
○ 新規開発車両 ○ 新規格車 ◉ 左記（新規開発車両、新規格車）以外 申請車種とは
事業区分 選択して下さい 事業区分とは ⓭
申請車両台数 単車／トラクター 0台 トレーラ 0台
※申請車種を変更した場合は必ず車両情報入力画面で登録ボタンを押下して下さい。
申請経路
申請経路数: 0 ⓮

⓭　事業区分を設定します。

図表2-1を参考に、目的に応じた事業区分を選択してください。

図表2-1　事業区分

事業区分	説　明	通　行　期　間
路　線	路線を定める自動車運送事業用の車両 （例：路線トラック、定期便トラック）	2年
区　域	上記、路線以外の自動車運送事業用の車両 （例：区域トラック、海上コンテナ、その他の営業車）	2年以内 ただし、車両が別表に掲げる数値のいずれかを超える諸元にあっては、1年以内
その他A	上記、路線、区域以外で、通行経路が一定し、反復継続して通行する車両 （例：営業車以外の自家用車で、クレーン車等）	
その他B	上記、路線、区域、その他A以外の車両で、一回限り（反復継続しない）通行する車両 （例：発電機等を運ぶ車両で一回限り）	必要な期間 ただし、1年以内

（国土交通省「特殊車両通行許可申請書類作成要領」より抜粋）

⓮　申請経路を設定します。

申請画面が進むと、申請経路を入力する画面が出てきます。その情報が自動的に反映されますので、申請経路数は0のままで問題ありません。

2回目の申請で通行期間を変えたい、異なる車種を申請したいときに該当箇所を変更し、特に変更の必要がなければ画面下部の『登録』を選択します。

その後『提出先窓口指定』画面に移ります。

⓯　提出先道路管理者選択を行います。

特殊車両通行許可申請と他の申請を比べた場合、特異ともいえる点が、申請書の提出先として全国どこの国道事務所でも選択できることです。ただし、基本的には自分の事務所の最寄国道事務所に提出するのがよいでしょう。

実は、国道事務所によって各々ローカルルールがあります。例えば、差戻しの基準や訂正の基準、そして後に説明する付近図の作成方法なども異なっています。まずは最寄国道事務所への申請に慣れ、その後さまざまな国道事務所に提出することをお勧めします。

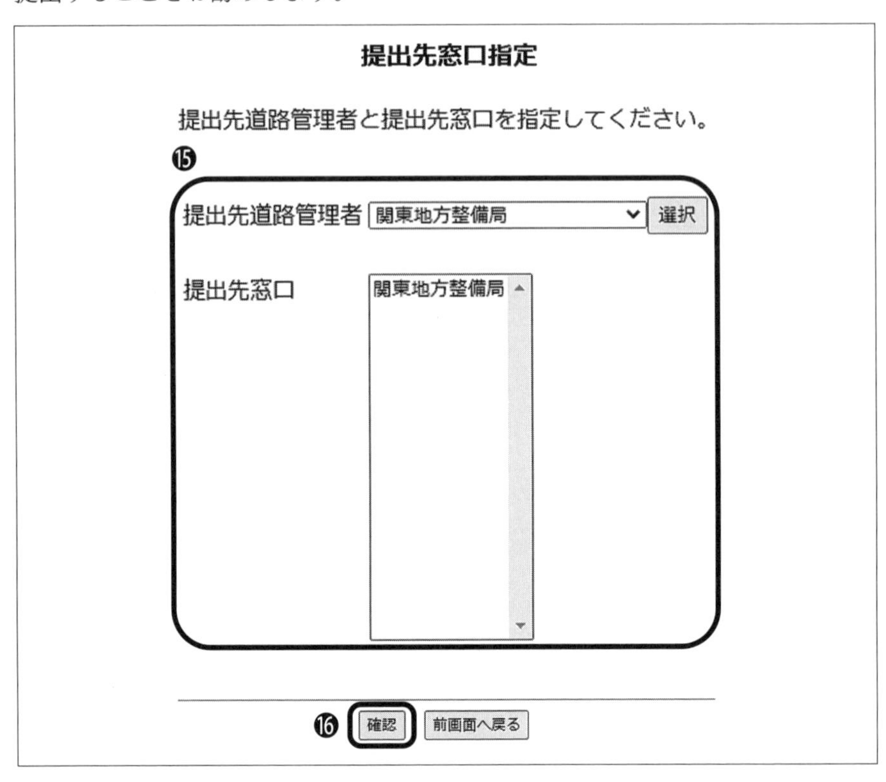

⑯　『確認』を選択します。

『確認』を選択すると、次の提出先窓口確認画面に移ります。

⑰　選択した提出先に間違いがなければ『登録』を選択しましょう。

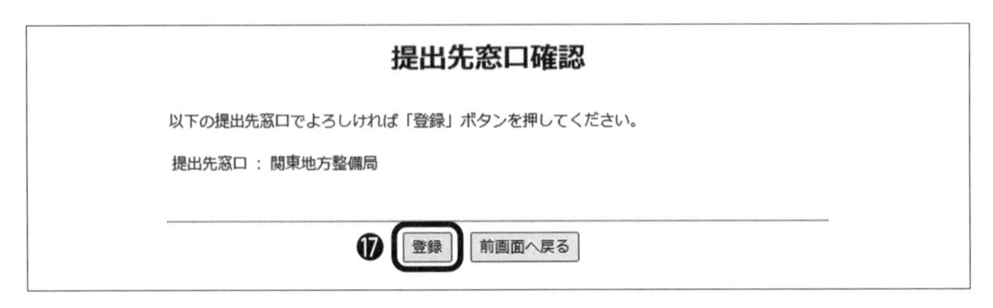

Online System Step 3 積載物の入力

積載物の入力をしますが、車種が特例8車種の場合は積載物の入力が不要となります。特例8車種とは、車両の構造上バラ積みが特例で許される車両でした。それ以外の車種では積載物の入力が必要になります。この積載物に関しては慎重を期す必要があります。というのも、実際の取締時に積載物も視られるからです。諸元（長さ、高さ、幅など）は許可証どおりでも、積載物が許可証と異なっているという理由でも摘発の対象になります。お客様にもその点をしっかりと伝え、正確な積載物を記載できるようにしましょう。

❶『積載貨物情報入力』を選択します。

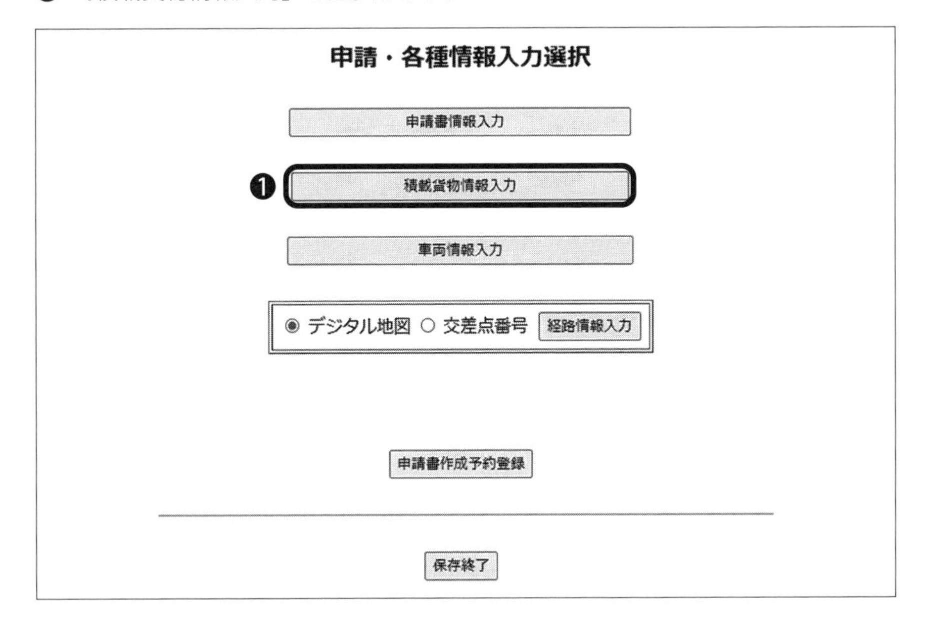

こちらを選択すると、次の『積載貨物情報入力』画面に移ります。

ただし、特例8車種の場合に『積載貨物情報入力』を選択すると、『積載貨物情報入力不要の車種です』というアラートが出ます。この場合は次のStep4に進んでください。

❷ 『積載貨物情報入力』画面で必要な情報を入力します。

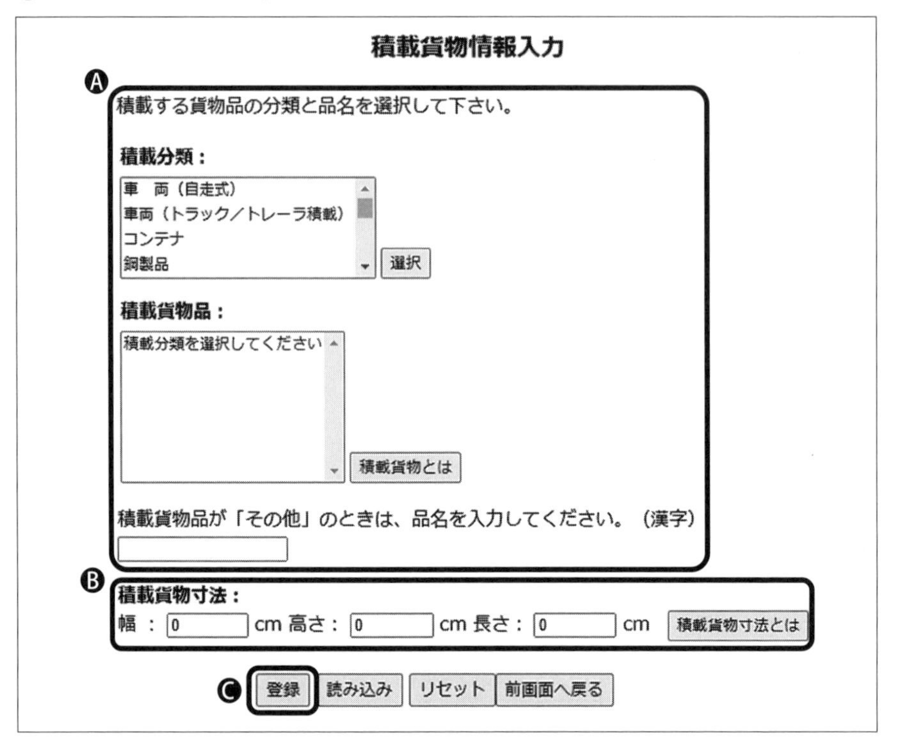

Ⓐ　積載分類及び積載貨物品を記載します。

まずは積載分類を選択します。積載分類とは例えば、鋼製品やコンクリート製品、食料品などの大分類と考えてください。積載分類を選択後は必ず、『選択』を選択しましょう。その後、小分類である積載貨物品を選択してください。たとえば、積載分類を『食料品』と選択すると、積載貨物品の候補に『その他、飼料、水産物、農産物』という候補が出てきます。

候補の中に該当する積載貨物品がなければ『その他』を選択し、品名を記載してください。

Ⓑ　積載貨物寸法を記載します。

積載貨物寸法を記載します。重量に関しては、Step4の車両情報入力の際に入力します。

Ⓒ 『登録』を選択します。

『登録』を選択すると、再び『申請・各種情報入力選択』画面に戻ります。

Online System Step 4 車両情報の入力

次に車両情報の入力を行います。具体的には申請車両のナンバー、型式、長さ、高さ、幅、重量、軸距、軸重などです。この入力に関しては車検証、諸元表及び外観図を使用します。単に記載している情報をそのまま入力する部分と、ちょっとした計算が必要な部分があります。計算する部分に関しては正確な知識を身に付けましょう。なお、Step 4 は大きく分けて、『車両内訳』の入力と『車両諸元』の入力に分かれます。

❶ 『車両情報入力』を選択します。

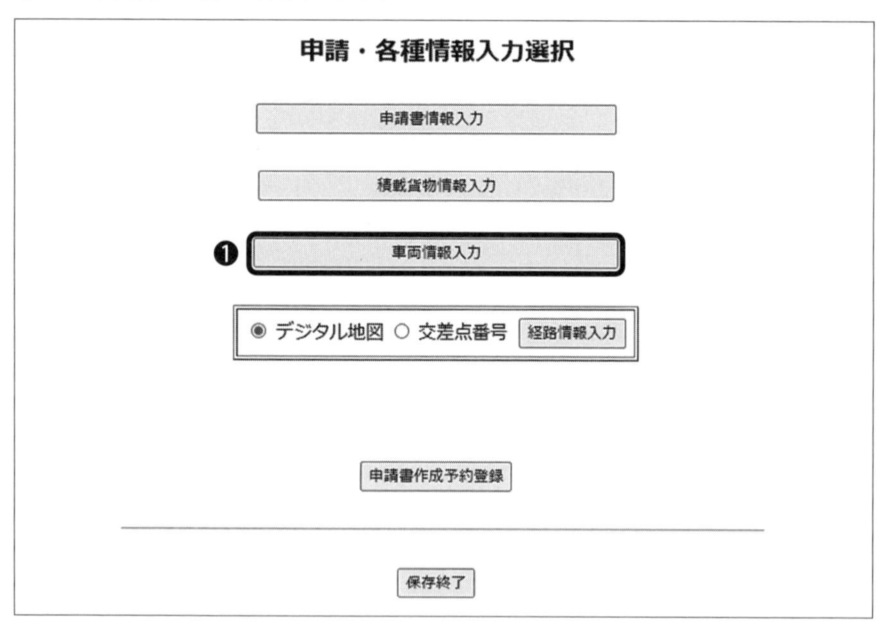

『車両情報入力』を選択すると、『申請車両情報登録メニュー』画面に移ります。

❷ 『軸種追加』を選択します。

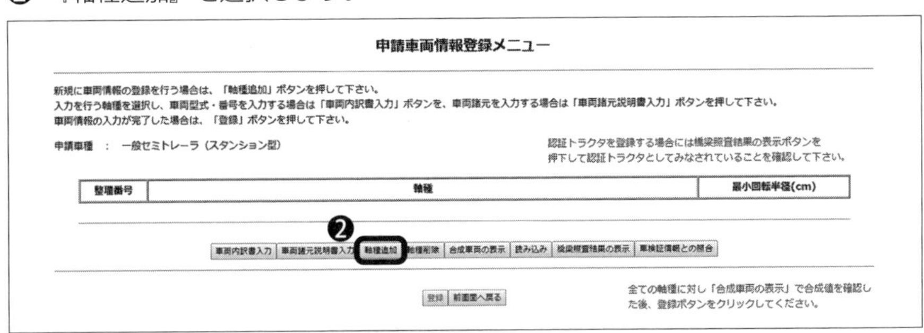

『軸種追加』を選択すると、『軸種指定画面』に移ります。

❸ 『軸種指定画面』で必要な情報を入力します。

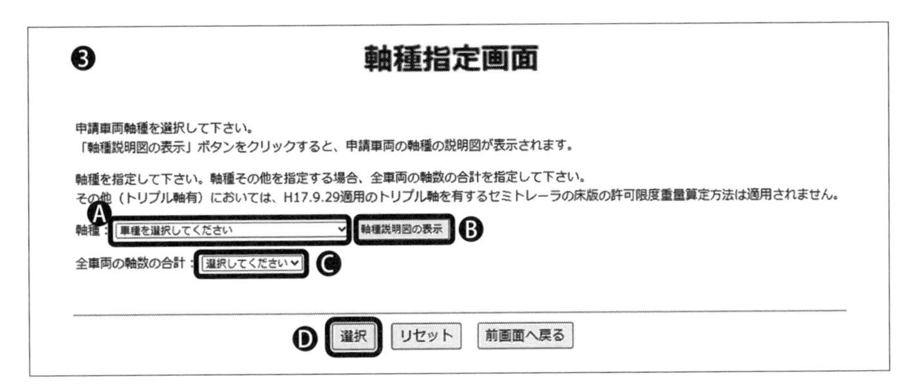

Ⓐ・Ⓑ　軸種を選択します。

Ⓐのタブで軸種を選択します。『軸数：5軸、トラクタ前1軸、トレーラ後3軸』など、初めての方には見慣れない表記だと思います。イメージが浮かばなければ、Ⓑの『軸種説明図の表示』を選択してみてください。すると、図表2–2のような表示がされます。

軸種説明図を確認し、申請車両と一致しているか確認しましょう。

図表 2-2　軸種説明図

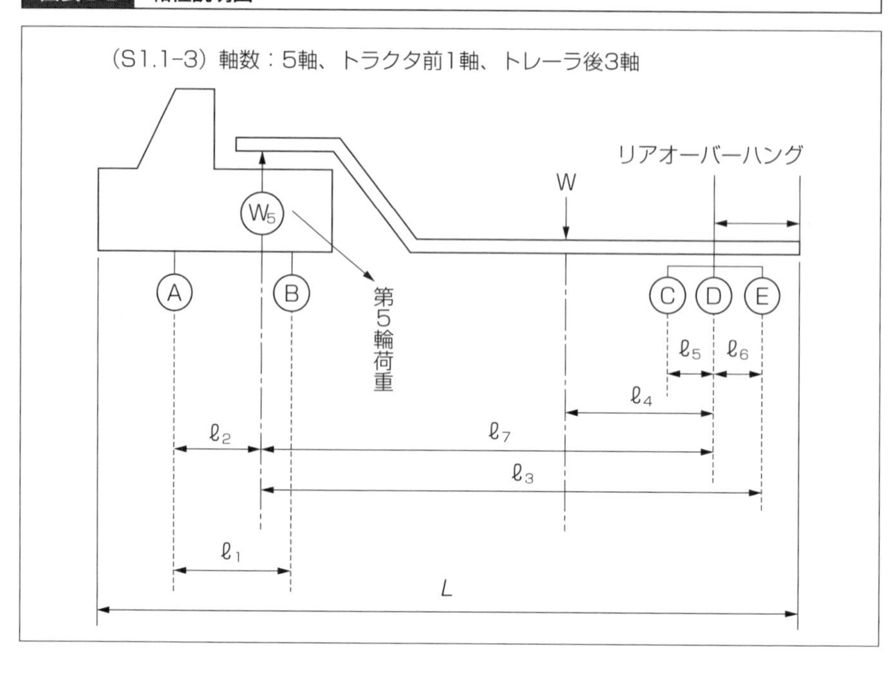

❻ 『全車両の軸数の合計』で軸数を選びます。

軸数とは車輪軸のことです。自動車は構造上、車輪軸の両端に車輪をつけ走行できるようになっています。皆さんが日頃乗っている乗用車は前後の 2 本の車輪軸の両端にタイヤを付けている構造です。したがって、乗用車の軸数は 2 です。今回申請車両は［図 1］のように、トラクタ 2 軸、トレーラ 3 軸なので、軸数の合計は 5 本ということになります。したがって、『5』を選択しましょう。

❼ 『選択』を選択します。

軸種および軸数に間違いがないか確認した後は、『選択』を選択すると確定され、『申請車両情報登録メニュー』画面に戻ります。

❹ 『申請車両情報登録メニュー』画面で軸種を確認します。

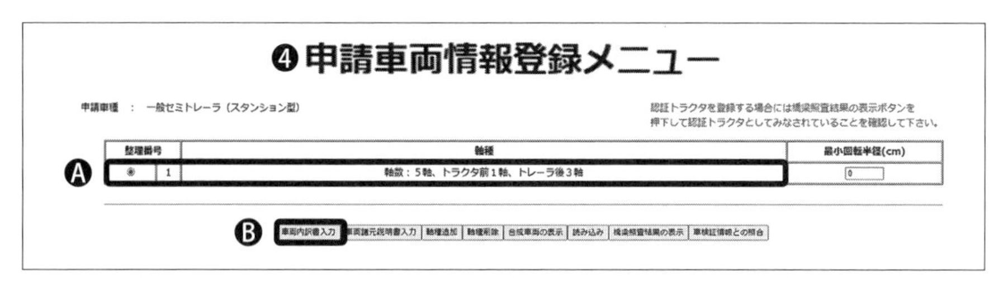

Ⓐ 『申請車両情報登録メニュー』に戻ると、※１のように軸種が登録されていることが分かります。

Ⓑ 『車両内訳書入力』を選択します。

『車両内訳書入力』を選択すると、『車両内訳一覧』画面に移ります。

1　車両内訳の入力

❺ 車両内訳の入力を『車両内訳一覧』画面で行います。

❻ 『型式修正』を選択します。

Ⓐに注目すると、この画面がトラクタの内訳であるということが分かります。その次にⒷで整理番号１にチェックされていることを確認してください。その後、『型式修正』を選択すると、車両内訳入力画面に移ります。

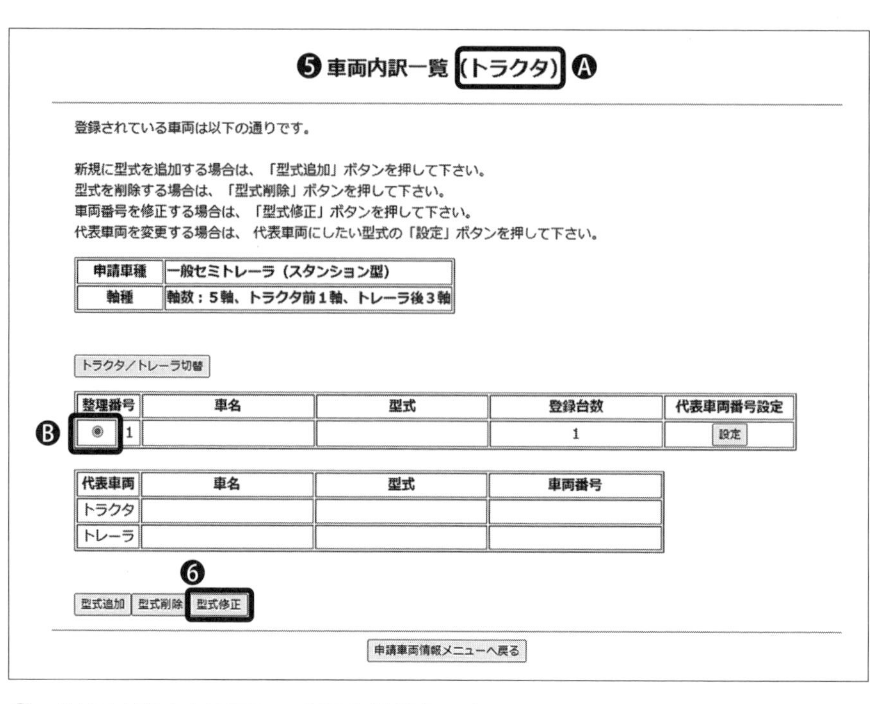

❼ 『車両内訳入力画面』で必要な情報を入力します。

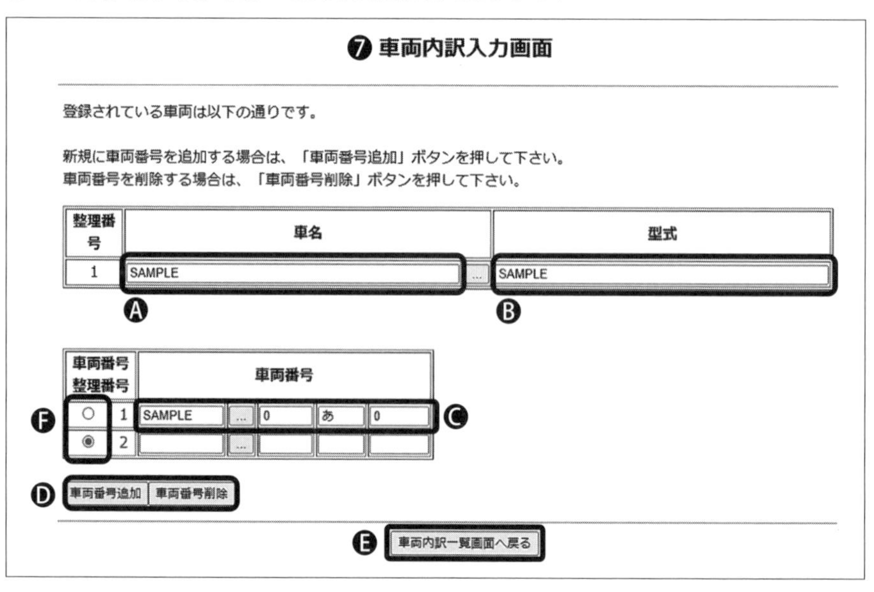

Ⓐ 『車名』を入力します。

『車両内訳入力画面』では、車検証を手元に用意しながら行ってください。『車名』とは車体メーカーの名称です。注意しなくてはいけない点としては、車検証通りの記載をしなくてはならない点です。例えば、UDトラックスの旧社名はニッサンディーゼルですが、車両によってはニッサンディーゼルのままのものもあります。車検証に記載してある車体メーカーの名称を入力してください。

Ⓑ 『型式』を入力します。

Ⓒ 『車両番号』を入力します。

Ⓓ 複数台をまとめて申請する場合は、『車両番号追加』を選択します。

同じ型式であれば、基本的には同一の整理番号にまとめて登録することができます。この場合は『車両番号追加』を選択し、まとめて申請書を作成することができます。しかし、まとめることができない場合もありますので、この場合の注意点を解説します。

! 同一の整理番号に車両を複数台登録したい場合の注意点

原則：**一番条件の厳しい車両を代表車両として使用する。**

『一番条件の厳しい』とは諸元として条件が厳しいという意味です。例えば重量であればより重い方、長さであればより長い方、高さであればより高い方が条件が厳しいと表現します。今回注目すべきは軸重です。

以下の同型式の車両があったとします。

車両１　Ａ軸 3t　Ｂ軸 3t
車両２　Ａ軸 2t　Ｂ軸 3t
車両３　Ａ軸 3t　Ｂ軸 2t
車両４　Ａ軸 2t　Ｂ軸 2t

例えば、上記４台を同一の整理番号に登録したい場合はＡ軸、Ｂ軸ともに一番条件の厳しい車両１を代表車両として車両２～４を登録します。問題はＡ軸、Ｂ軸ともに条件が一番厳しい車両１がない場合です。車両２～４の場合、A 軸に関しては車両 3、B 軸に関しては車両 2 がそれぞれ一番厳しい条件です。この場合は A 軸の一番条件の厳しい車両と B 軸の一番条件の厳しい車両が異なりますので、まとめることはできません。したがって、車両 2 と車両 3 は別々の整理番号で入力する必要があります。なお、車両 4 に関しては車両 2 及び車両 3 どちらとでもまとめて登録することができます。

なお、車両番号を削除する場合は削除したい整理番号 (Ⓕ) に合わせ、『車両番号削除』を選択します。

Ⓔ 『車両内訳一覧画面へ戻る』を選択します。

車名、型式、車両番号、包括できるか否かの確認の後、『車両内訳一覧画面へ戻る』を選択すると、『車両内訳一覧画面』に戻ることができます。

次の❽Ⓓのように、入力した車両が登録されていることを確認しましょう。

❽ 『車両内訳一覧画面』で必要な情報を入力します。

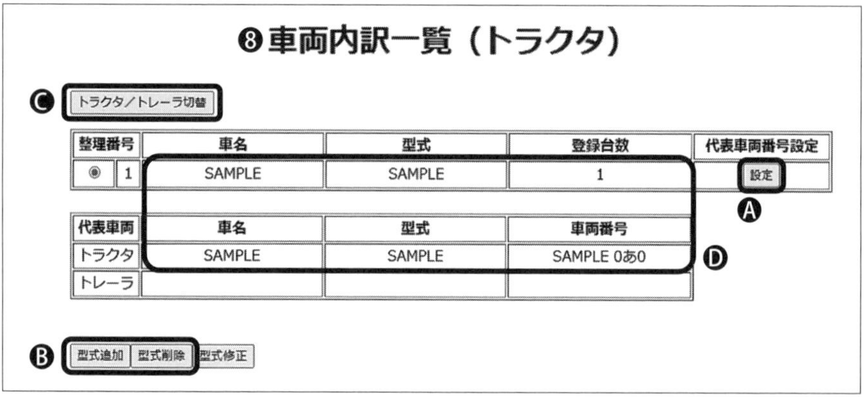

❽車両内訳一覧（トラクタ）

Ⓒ トラクタ／トレーラ切替

整理番号		車名	型式	登録台数	代表車両番号設定
◉	1	SAMPLE	SAMPLE	1	設定 Ⓐ

代表車両	車名	型式	車両番号
トラクタ	SAMPLE	SAMPLE	SAMPLE 0あ0
トレーラ			

Ⓓ

Ⓑ 型式追加 型式削除 型式修正

Ⓐ 『代表車両番号設定』を選択します。

包括した場合はこちらで代表車両となる車番（申請書の表紙に記載される車両）を選択することができます。原則として、一番条件の厳しい車両の番号を代表車両番号としてください。最近では、一番厳しい車両を代表車両として表示することを忘れていても、国道事務所に指摘されることはなくなってきました。国道事務所によっては未だにこだわりがあるところもあるので、注意しましょう。

🅑　『型式追加』を選択します。

　同じ軸種で異なる型式を追加したい場合、または同型式であっても同じ整理番号に登録ができない場合は『型式追加』を選択し、❼の🅐～🅔を繰り返します。

🅒　『トラクタ／トレーラ切替』を選択します。

　トラクタの入力が完了したら、『トラクタ／トレーラ切替』を選択します。するとトレーラの入力画面に移ります。

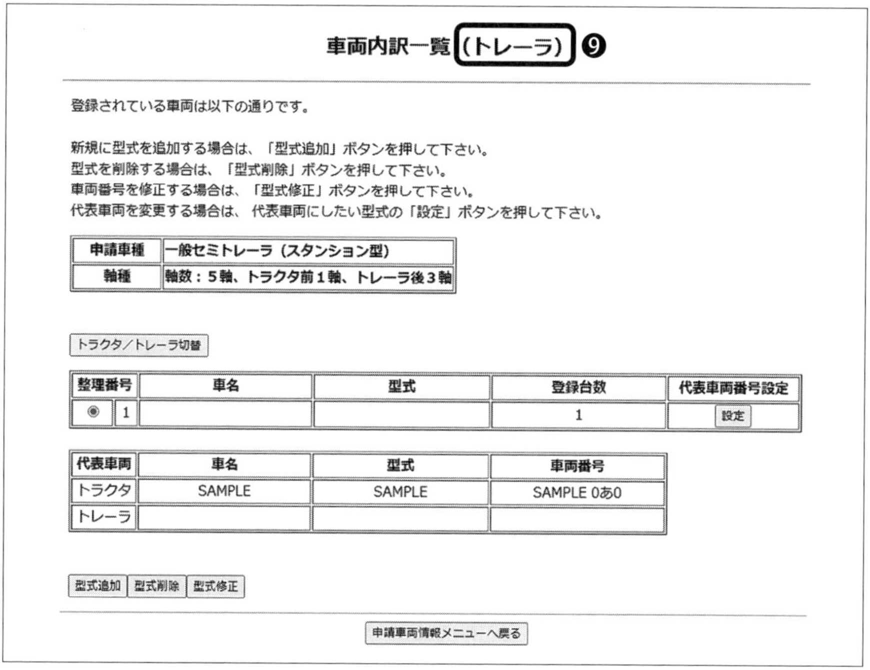

車両内訳一覧（トレーラ） ❾

登録されている車両は以下の通りです。

新規に型式を追加する場合は、「型式追加」ボタンを押して下さい。
型式を削除する場合は、「型式削除」ボタンを押して下さい。
車両番号を修正する場合は、「型式修正」ボタンを押して下さい。
代表車両を変更する場合は、代表車両にしたい型式の「設定」ボタンを押して下さい。

申請車種	一般セミトレーラ（スタンション型）
軸種	軸数：５軸、トラクタ前１軸、トレーラ後３軸

トラクタ／トレーラ切替

整理番号	車名	型式	登録台数	代表車両番号設定
◉ 1			1	設定

代表車両	車名	型式	車両番号
トラクタ	SAMPLE	SAMPLE	SAMPLE 0あ0
トレーラ			

型式追加　型式削除　型式修正

申請車両情報メニューへ戻る

❾　トラクタの車両内訳画面から『トラクタ／トレーラ切替』を選択しても、一目見ただけでは画面が切り替わっていることに気づきません。しかし、このように車両内訳一覧（トレーラ）となっているのを確認しましょう。トレーラの内訳書入力もトラクタの場合と同様です。❺～❽を繰り返します。

⑩ 『車両諸元説明書入力』を選択します。

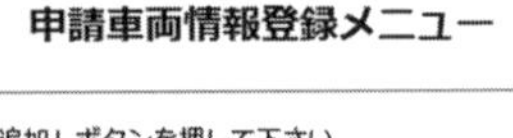

新規に車両情報の登録を行う場合は、「軸種追加」ボタンを押して下さい。
入力を行う軸種を選択し、車両型式・番号を入力する場合は「車両内訳書入力」ボタンを、車両諸元を入力する場合は「車両諸元説明書入力」ボタンを押して下さい。
車両情報の入力が完了した場合は、「登録」ボタンを押して下さい。

申請車種　：　一般セミトレーラ（スタンション型）　　認証トラクタを登録する場合には橋梁照査結果の表示ボタンを押下して認証トラクタとしてみなされていることを確認して下さい。

整理番号		軸種	最小回転半径(cm)
◉	1	軸数：５軸、トラクタ前１軸、トレーラ後３軸	0

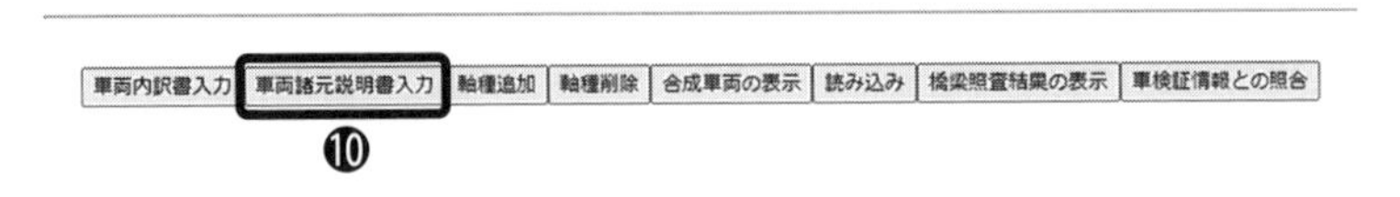

『車両諸元説明書入力』を選択すると、『車両諸元説明書情報入力』画面に移ります。

2　車両諸元の入力

⓫　車両諸元の入力を『車両諸元説明書情報入力』画面で行います。

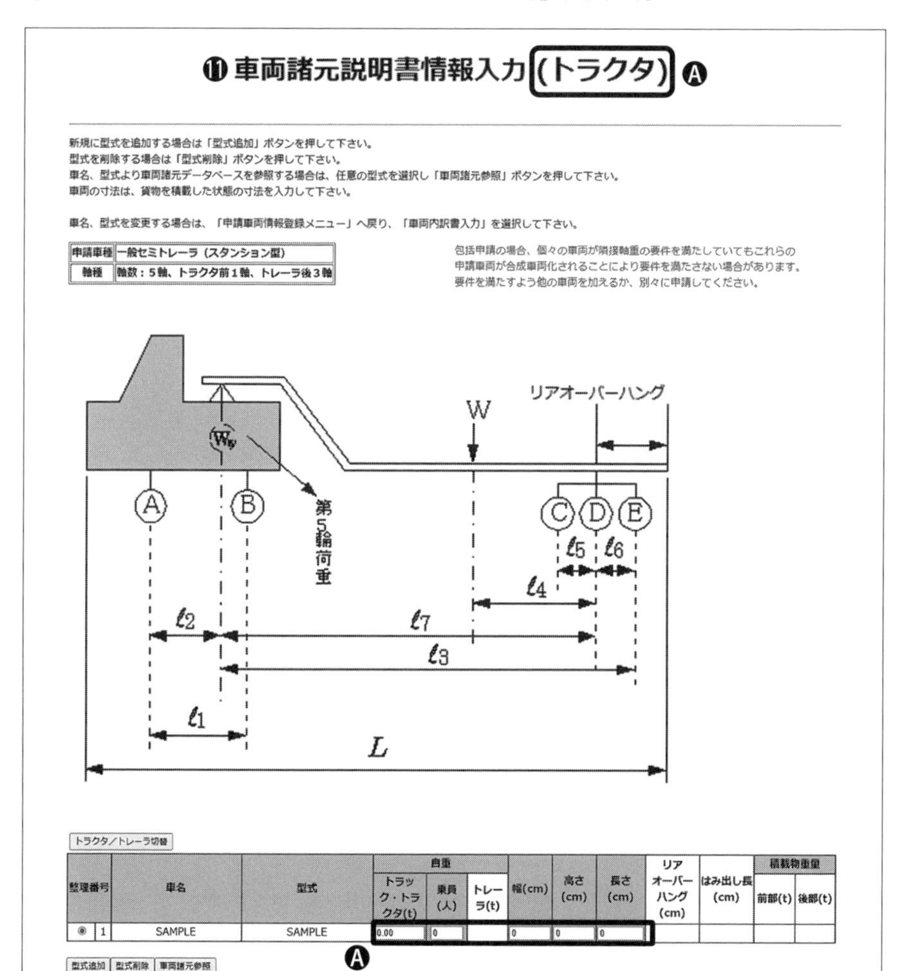

⓫ 車両諸元説明書情報入力（トラクタ）Ⓐ

新規に型式を追加する場合は「型式追加」ボタンを押して下さい。
型式を削除する場合は「型式削除」ボタンを押して下さい。
車名、型式より車両諸元データベースを参照する場合は、任意の型式を選択し「車両諸元参照」ボタンを押して下さい。
車両の寸法は、貨物を積載した状態の寸法を入力して下さい。

車名、型式を変更する場合は、「申請車両情報登録メニュー」へ戻り、「車両内訳書入力」を選択して下さい。

申請車種	一般セミトレーラ（スタンション型）
軸種	軸数：５軸、トラクタ前１軸、トレーラ後３軸

包括申請の場合、個々の車両が隣接軸重の要件を満たしていてもこれらの
申請車両が合成車両化されることにより要件を満たさない場合があります。
要件を満たすよう他の車両を加えるか、別々に申請してください。

トラクタ／トレーラ切替

整理番号		車名	型式	自重			幅(cm)	高さ(cm)	長さ(cm)	リアオーバーハング(cm)	はみ出し長(cm)	積載物重量	
				トラック・トラクタ(t)	乗員(人)	トレーラ(t)						前部(t)	後部(t)
◉	1	SAMPLE	SAMPLE	0.00	0		0	0	0				

Ⓐ

型式追加　型式削除　車両諸元参照

申請車両情報メニューへ戻る　次の画面に進む　Ⓑ

❹ 自重、乗員、幅、高さ及び長さを入力

〈拡大図〉

自重			幅(cm)	高さ(cm)	長さ(cm)
トラック・トラクタ(t)	乗員(人)	トレーラ(t)			
0.00	0		0	0	0

自重に関しては車検証の情報を入力してください。乗員が2人の場合は110kg、1人の場合は60kgが自重に加えられることになります。幅、高さに関しても車検証の情報通り入力してください。包括している場合は、包括している車両のうち、一番条件の厳しい値を入力します。注意すべきは長さです。この長さに関しては車検証通りの長さを記載してはいけません。

その理由を説明します。図表2-3に注目してください。

図表2-3　トラクタとトレーラの車検証上の長さ

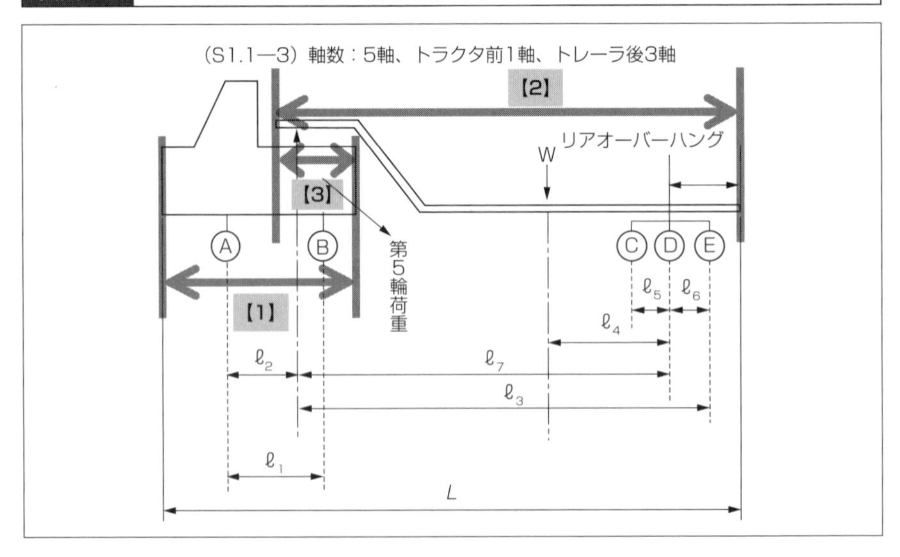

トラクタの車検証上の長さは【1】です。同様にトレーラの車検証上の長さは【2】です。もし、トラクタとトレーラの車検証上の長さを車両諸元説明書画面に入力していくと、【3】の部分の長さが二重に計上されてしまうので、実

際の長さよりも長くなってしまいます。したがって、二重計上の部分を解消しなくてはなりません。考え方としては連結部分で分けます。トラクタは最前方から連結部までの長さ、トレーラは連結部から最後方までの長さを車両諸元説明書画面に入力します。図表 2–4 は連結部で分けた場合の図です。【A】をトラクタの長さの部分に、【B】をトレーラの長さの部分に入力します。

図表 2-4　車両諸元説明書画面に入力する長さ

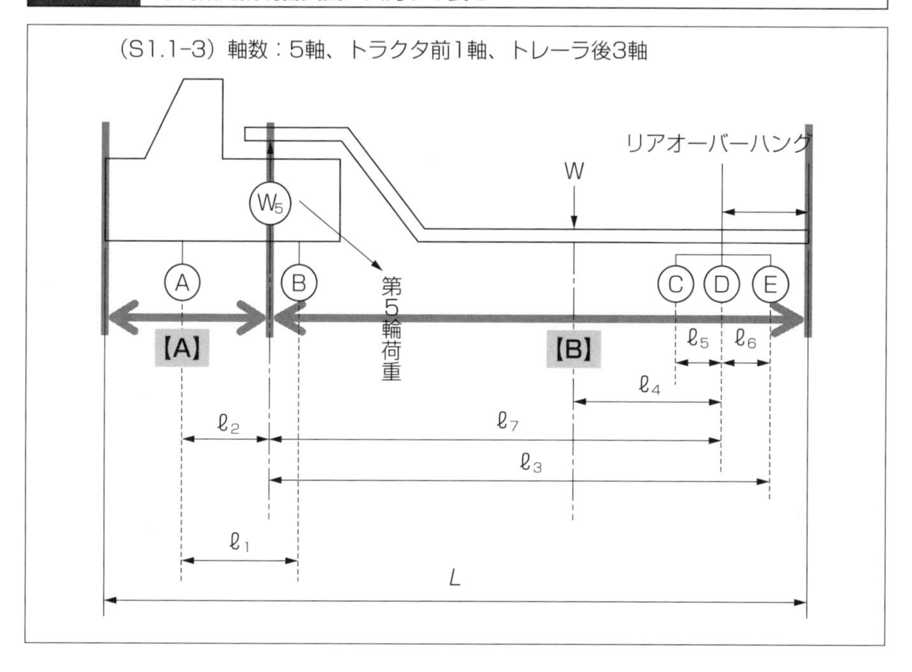

それでは、【A】と【B】の長さはどのように求めることができるでしょうか。各々解説します。

■【A】の求め方

図表 2–5 は 2 軸トラクタの外観図です。以下、2 軸トラクタの連結時長の求め方を記載します。

図表 2-5　トラクタの外観図

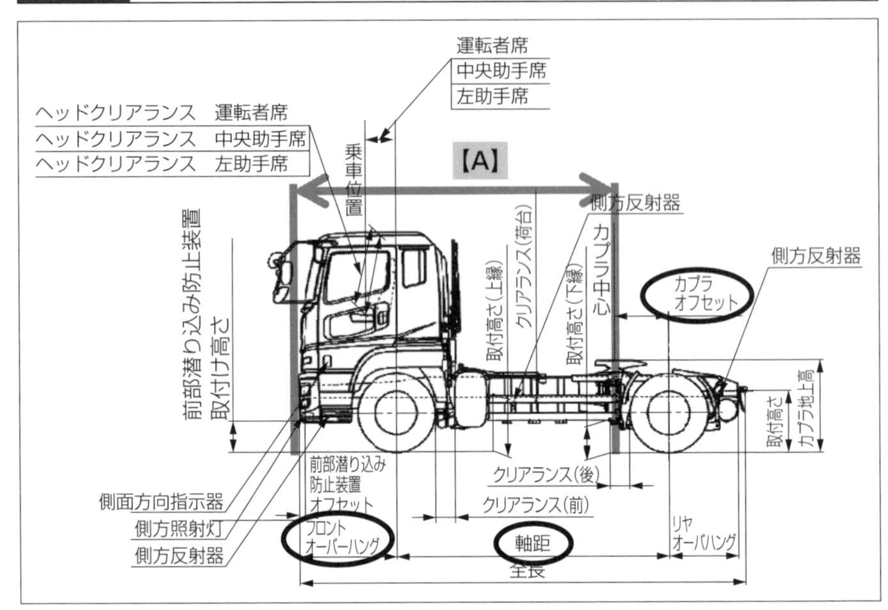

（三菱 FP 系セミトラクタ外観図）

注目すべきは『フロントオーバーハング』、『軸距』、『カプラオフセット』です。【A】を求めるためには

【A】＝（フロントオーバーハング）＋（軸距）－（カプラオフセット）

ということが分かります。次に諸元表または外観図寸法一覧で、上記の数値を確認します。

フロントオーバーハング→ 1370mm
軸距　→ 3160mm
カプラオフセット（荷台オフセットという表記の場合もあり）→ 720mm

したがって、

【A】＝　1370mm＋3160mm－720mm　＝3810mm

【A】の値が求められたら、Ⓐの長さを入力します。ここで注意すべき点が 2 点あります。1 点目は単位です。入力画面では（cm）ですが、求めた【A】は（mm）です。単位を直すと、381cm になります。

2点目は小数点以下を繰り上げなくてはいけないということです。Ⓐの長さの欄には小数点以下を入力することはできません。長さ入力のルールとして小数点以下は繰り上げると覚えておきましょう。

■【B】の求め方

図表2-6はトレーラの外観図です。

図表2-6　トレーラの外観図

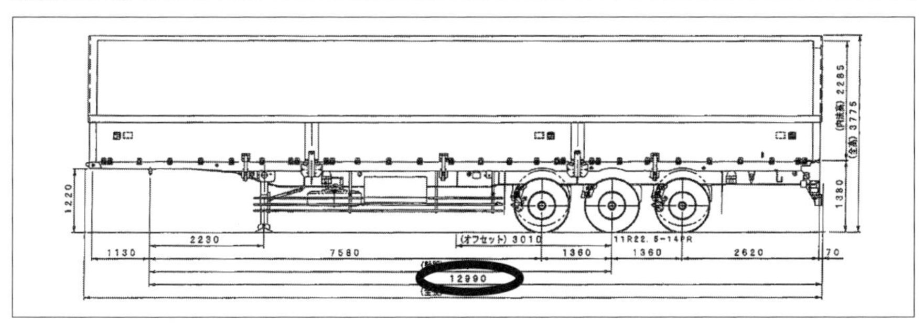

（フルハーフ DFPTF341AN 改型セミトレーラー外観図）

トレーラの長さである【B】は外観図を見れば分かります。連結部分から最後方なので、12990mmとなります。トラクタと同じように単位を直し、小数点以下を繰り上げた1299が【B】であり、トレーラの長さとして入力すべき値になります。

Ⓑ『次の画面に進む』を選択する。

自重、幅、高さ及び長さを入力後、『次の画面に進む』を選択します。軸間距離入力を行う画面に移ります。

⓬ 『車両諸元説明書情報入力』画面で軸間距離を入力します。

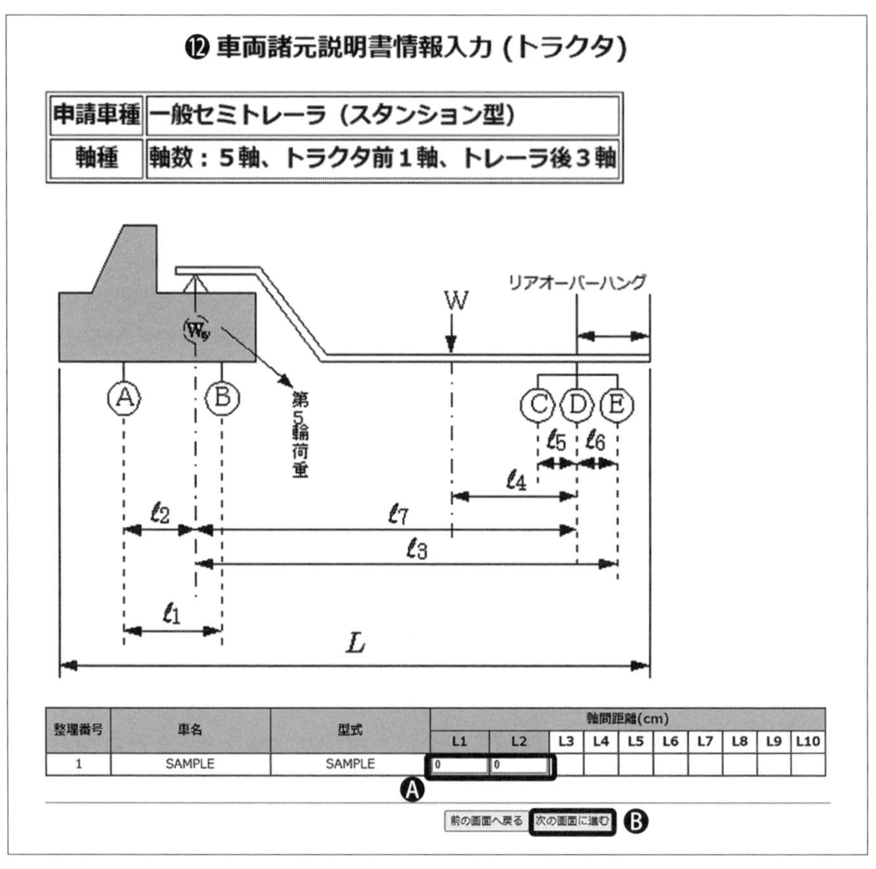

A L 値を入力します。

軸間距離は諸元表と外観図を見ながら入力していきます。今回申請する車両の場合、L1 が軸距、L2 が軸距からカプラオフセットを引いた値となります。

B 『次の画面に進む』を選択する。

軸間距離を入力後、『次の画面に進む』を選択します。軸重入力を行う画面に移ります。

⓭ 『車両諸元説明書情報入力』画面で輪数、軸重、G 値を入力します。

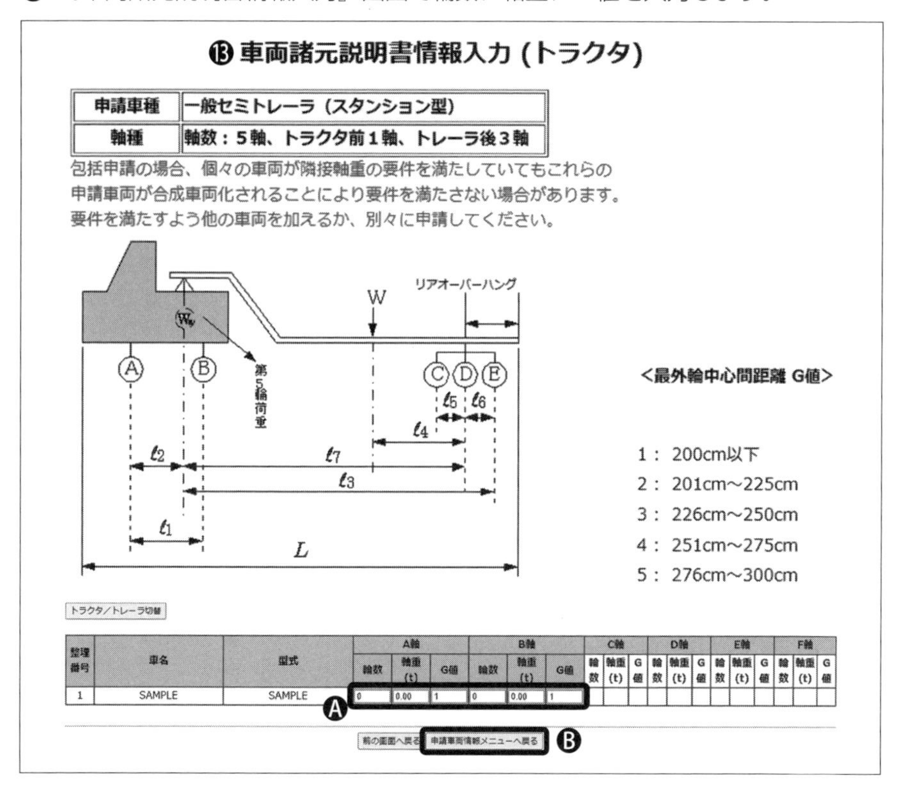

Ⓐ　輪数、軸重、G 値を入力します。

輪数はタイヤの数です。ここで注意しなくてはいけない点は、ダブルタイヤも１つのタイヤとカウントすることです。

軸重に関しては車検証を見ながら入力しましょう。その際に気を付けなくてはいけない点は、包括している場合は一番条件の厳しい車両の軸重を入力することです。【同一の整理番号に車両を複数台登録したい場合の注意点】でも解説したように、この A 軸、B 軸は条件の厳しい１台の車両について入力してください。たとえば、車両１～４までを包括するとして、A 軸に関しては車両１の A 軸重を入力し、B 軸に関しては車両２の B 軸重を入力することはできません。A 軸、B 軸ともに同一車両の軸重を入力してください。ちなみにトラクタの場合はすべての軸重を足すと、自重と同じ値になります。先程のように A 軸重と B 軸重を別の車両のものをそれぞれ入力するとすべての軸重の和と自重が合わなくなるので、登録ができません。

❸ 『申請車両情報メニューへ戻る』を選択します。

トラクタの情報を入力後、一度『申請車両情報メニューへ戻る』を選択し、『申請車両情報メニュー』画面に戻ります。その後、もう一度『車両諸元説明書情報入力』画面に移ります。これからトレーラの車両諸元を入力していきます。

⓮ 『トラクタ／トレーラ切替』を選択します。

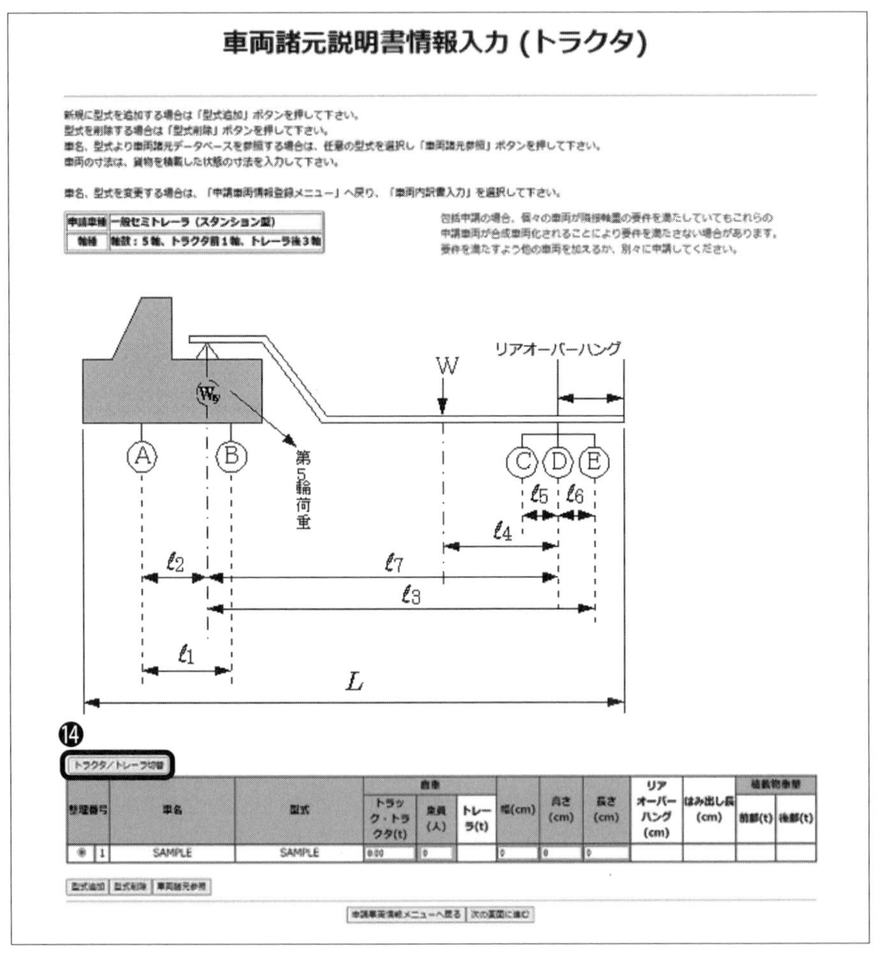

トレーラの諸元を入力するため、トラクタの画面からトレーラの画面に切り替えます。

⑮　トレーラの諸元を入力します。

Ⓐのようにトレーラに切り替わっていることを確認してください。

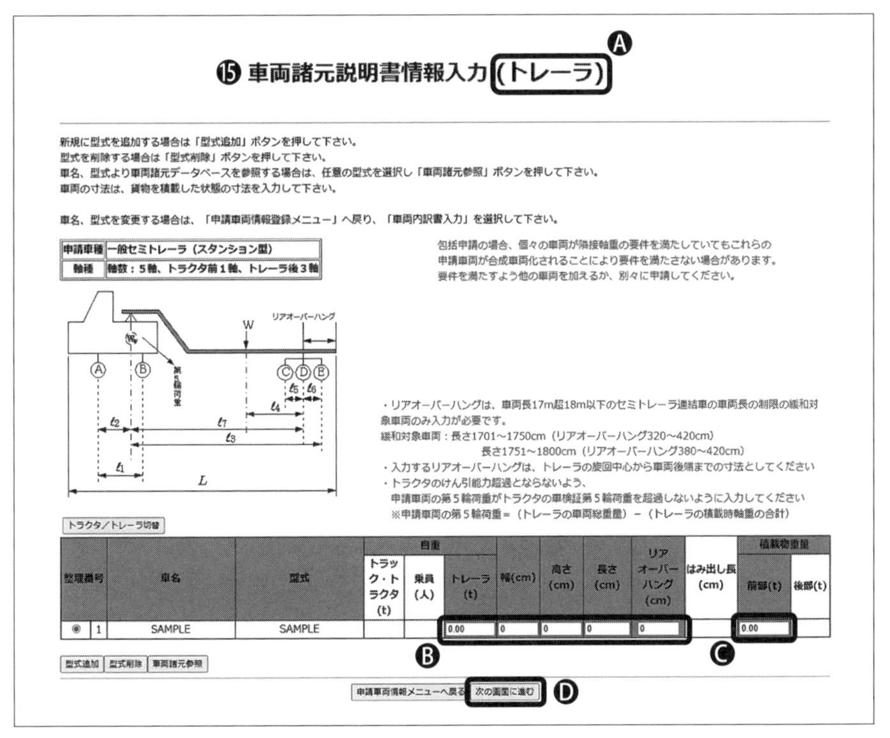

整理番号		車名	型式	自重			幅(cm)	高さ(cm)	長さ(cm)	リアオーバーハング(cm)	はみ出し長(cm)	積載物重量	
				トラック・トラクタ(t)	乗員(人)	トレーラ(t)						前部(t)	後部(t)
◉	1	SAMPLE	SAMPLE			0.00	0	0	0	0		0.00	

Ⓑ　自重、幅、高さ、長さ及びリアオーバーハングを入力します。

トレーラの諸元入力も基本的にはトラクタと同様です。しかし、トラクタの場合と異なる部分もありますので、その部分を中心に解説します。自重に関しては車検証と同じ値を入力します。幅、高さに関しても基本的には車検証と同じ値で問題ありません。しかし、重セミやスタンション型セミトレーラーのように積載貨物を積むことによって、幅や高さが変化するものには注意が必要です。幅に関してはトレーラの幅と積載貨物の幅を比べより値が大きい方を入力します。高さに関しては、荷台部分の高さに積載貨物の高さを加えた値を入力します。長さに関しては基本的には先程求めた【B】の値を入力しますが、積載貨物が長い物である場合は、【B】の値にはみ出る長さを加えます。リアオーバーハングは特例８車種に該当し、かつ車長が17mを超える車両に関して、入力を求められます。

🅒　積載物重量を入力します。

積載貨物の重量をこちらに入力します。

🅓　『次の画面に進む』を選択します。

入力後、『次の画面に進む』を選択します。軸間距離の入力を行う画面に移ります。

⓰　軸間距離を入力します。

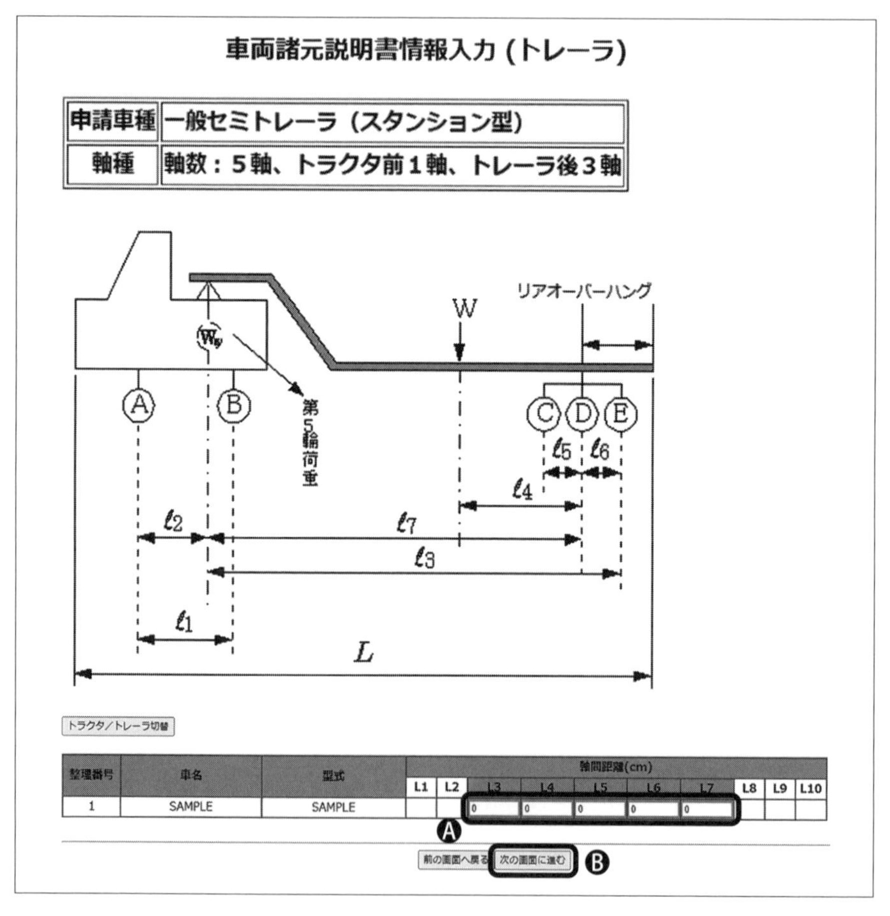

🅐　軸間距離を入力します。

軸間距離に関しては外観図を見ながら入力をします。

🅑　『次の画面に進む』を選択します。

軸間距離を入力後、『次の画面に進む』を選択します。軸重入力を行う画面に移ります。

⑰　輪数、軸重、G 値を入力します。

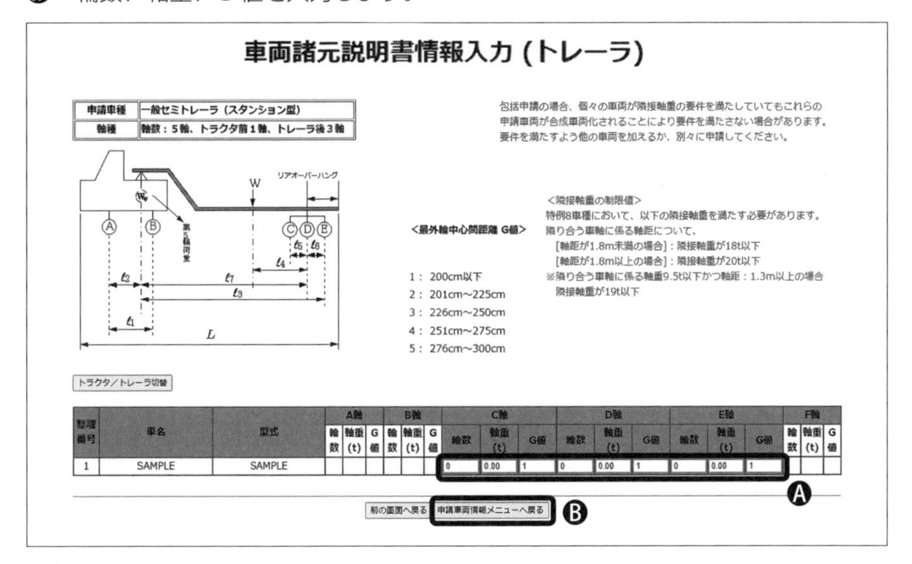

Ⓐ　輪数、軸重、G 値を入力します。

トラクタの場合と同様に入力します。

Ⓑ　『申請車両情報メニューへ戻る』を選択します。

トレーラの情報を入力後、『申請車両情報メニューへ戻る』を選択し、『申請車両情報メニュー』画面に戻ります。

⑱　『申請車両情報登録メニュー』画面で最小回転半径を入力します。

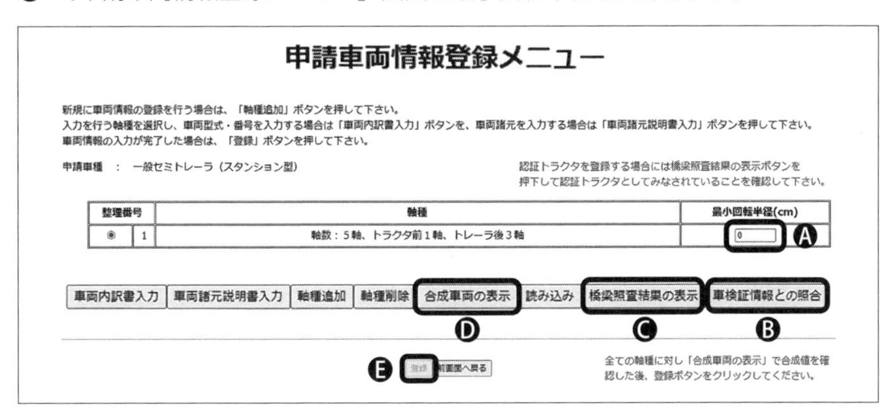

❹ 最小回転半径を入力します。

最小回転半径を求めるためには、計算シートを使用します。計算シートのダウンロードは特殊車両通行申請手続き画面からダウンロードできます。

「各種ダウンロード」➡「連結最小回転半径計算シート」

申請書作成補助ツール

名称	バージョン	概要
連結最小回転半径計算シート[Excel形式]	–	連結車（セミトレーラ等）の特殊車両通行許可申請時に記載する、連結時の最小回転半径を計算するツールです。 Excel形式で提供しています。※2020/8/20更新
荷台に積載できる総重量の計算シート[Excel形式]	Ver.201702	複数の車両で１件の許可となっている場合に、個別の車両ごとに許可証の総重量からどれだけ積めるか計算するツールです。許可証と車検証をご用意下さい。
車両諸元一覧表[Excel形式]	Ver.201703	「車両諸元一覧表作成説明資料　～わかりやすいオンライン申請マニュアル　別冊１～」中の　１～３ページで説明しております「車両諸元一覧表作成説明資料」の表です。 Excel形式で提供しておりますので、ご活用下さい。 （トラクタとトレーラでシートが分かれております。）

Ⓑ『車検証情報との照合』を選択します。

国交省では車検証を電子的記録として管理しています。そのデータベースを用いて、登録した車両番号と軸重などを照合します。入力に間違いがないかの確認を行うことができます。

この際、下記のような表示が出ることがあります。

軸種	軸数：５軸、トラクタ前１軸、トレーラ後３軸
照合結果	車検証情報が未登録のため、照合を行っていない型式があります。 恐れ入りますが窓口での審査を行うため、必ず車検証をスキャンしたものを添付して提出してください。

車両諸元入力内容				車検証登録内容		
牽引区分	型式	項目名	入力内容	車両番号	項目名	登録内容

車検証情報との照合不可車両（車両番号）
SAMあ00
SAMか00

この場合、既に廃車となっている、登録の日付が直近のためシステムへの反映がなされていない等の理由で登録を行おうとする車両の情報がシステム上確認できない状況となっています。

単にシステムエラーの可能性もありますが、この後解説する申請の場面で有効期限内にある車検証を添付する必要が出てくる場合があります。頭の片隅に置いておきましょう。

Ⓒ 『橋梁照査結果の表示』を選択します。以下の画面が表示されます。

申請車種 ： 一般セミトレーラ （スタンション型）

橋梁照査の結果を確認してください。

「通行条件特例適用」に「○」が付いている場合、経路毎の通行条件について特例を適用した重量算定を行います。

軸種	認証トラクタ	軸重緩和条件	橋梁照査結果					
			高速自動車国道等及び重さ指定道路			橋梁の設計荷重がTL-20活荷重以上の道路		
			照査1	照査2	通行条件特例適用	照査1	照査2	通行条件特例適用
軸数：5軸、トラクタ前1軸、トレーラ後3軸	×	○	×	○	×	×	○	×

認証トラクタであるか、高速道路上の通行ができるかを確認することができます。照査1あるいは2に×が表示されている場合後に発行される『算定書』をしっかり確認して、通行の可否を判断してください。

Ⓓ 『合成車両の表示』を選択します。

車両の総重量や長さ、軸重などの合成値が表示されます。こちらの『合成車両の表示』を選択し、最下部の『前画面へ戻る』を選択しない限り登録することはできないので、必ず『合成車両の表示』は表示させましょう。その後、『申請車両情報登録メニュー』画面にて、ｖの『登録』を選択できるようになります。

Ⓔ 『登録』を選択します。

『登録』を選択することによって、車両情報入力が完成します。これで、Step 4 は完了です。

経路情報の入力

このステップでは経路情報の入力の仕方を解説します。特殊車両通行許可申請は大きく車両情報の入力と経路情報の入力に分けられますが、この経路情報入力こそが専門行政書士としての腕の見せ所です。車両情報入力に関しては、行政書士の力量の部分がほとんどなく、車検証、諸元表及び外観図に記載している数値を正確に入力することが主な作業です。一方、経路情報入力ではお客様の意向を反映させたうえで、許可がとりやすい経路、審査期間が短い経路、条件が１番緩い経路などを選択できるため、行政書士の裁量との能力次第で結果が決まると言っても過言ではありません。

経路作成の方法をマスターするだけでなく、どのような経路が一番お客様の意向に添うことができるのかを意識しながら読み進めてください。

１　経路の作成（条件なし）

❶『デジタル地図』をチェックし、『経路情報入力』を選択します。

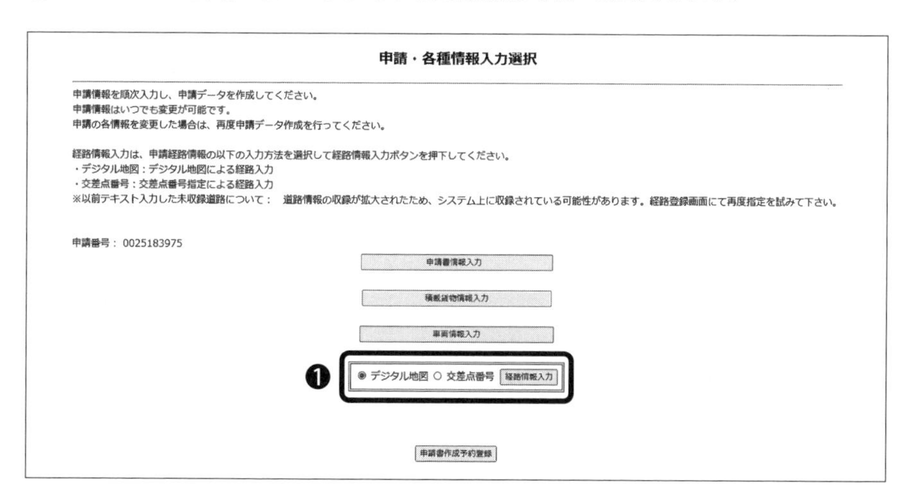

車両情報入力後に経路情報を作成するのですが、この順序は大切です。というのも、車両情報入力で登録された車両諸元をもとに、デジタル地図上で算定をするからです。

経路情報作成には『デジタル地図』と『交差点番号』があります。それぞれ使い道があるのですが、まずはデジタル地図作成から解説します。『デジタル地図』をチェックし、『経路情報入力』を選択すると、デジタル地図に移ります。

❷ 出発地・目的地を入力します。

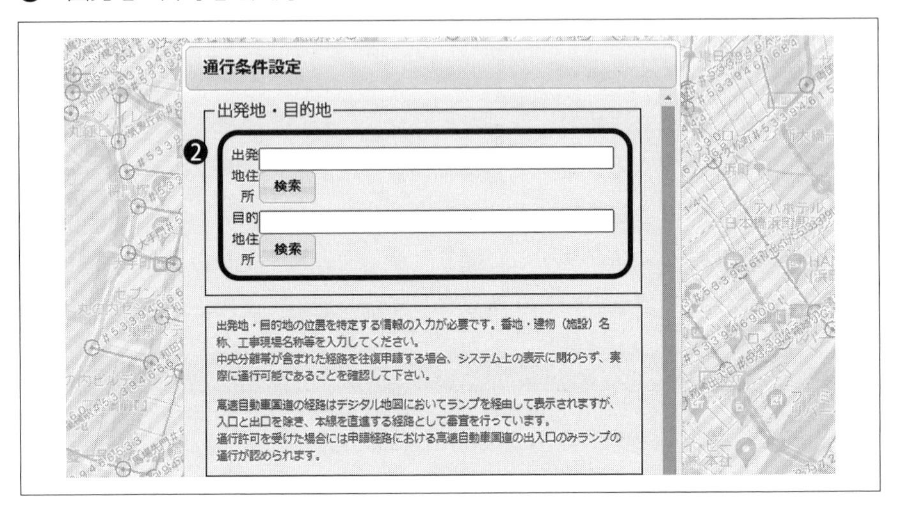

出発地と目的地を入力してください。初めて経路を作成する際には、注意が必要なことが一点あります。それは住所だけでなく、名称を入れなくてはいけないということです。例えば弊所を出発地とする場合には『埼玉県さいたま市中央区上峰4-7-11-1F』ではなく、『埼玉県さいたま市中央区上峰4-7-11-1F　佐久間行政法務事務所』という具合に必ず、住所の後ろに名称を付けてください。運送事業者によっては目的地が現場になることも多々ありますが、その場合は工事名を名称の代わりに記載してください。例えば、『○○町3丁目開発工事計画』や『県道○○号線道路舗装工事』などです。

❸　通行条件設定の各項目をチェックします。

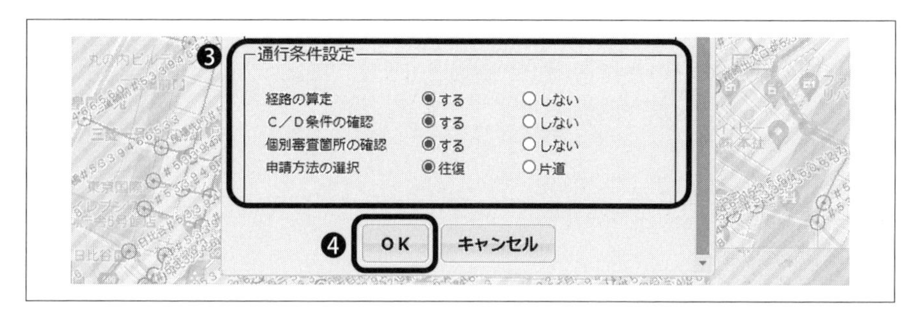

通行条件設定をすることで、登録した車両諸元での経路判定を行うことができるようになります。例えば、ある区間はC条件、ある区間は個別審査該当箇所であるなどです。基本的には通行条件設定は全て設定してください。

『経路の算定』を『する』に設定すると、『C/D条件の確認』及び『個別審査箇所の確認』を選べるようになります。ちなみにC条件やD条件の区間は、国道事務所のシステム上で算定が出せているということなので、当該道路管理者への協議はしません。しかし、個別審査に該当してしまうと当該道路管理者との協議が発生します。協議が発生するか否かで審査期間に大きな差が出てしまいます。というのも、協議が発生するということは当該道路管理者から国道事務所への回答待ち期間が生じてしまうからです。回答期間が短い道路管理者で3日程、回答期間が長い道路管理者では2ヶ月程要する場合があります。選択した経路にて個別審査が発生してしまう場合には注意しましょう。最後の『申請方法の選択』にて片道か往復かを選んでください。

❹　『OK』を選択します。

『OK』を選択することで、経路作成が始められるようになります。

実際に経路を作成してみましょう。経路を作成する場合はGoogleマップも同時に使えるように準備しておくと便利です。

例題

出発地：埼玉県さいたま市浦和区高砂 3-15-1　埼玉県庁

目的地：東京都新宿区西新宿 2-8-1　東京都庁

❺　出発地の搬出口、目的地の搬入口を確認します。

出発地：埼玉県庁

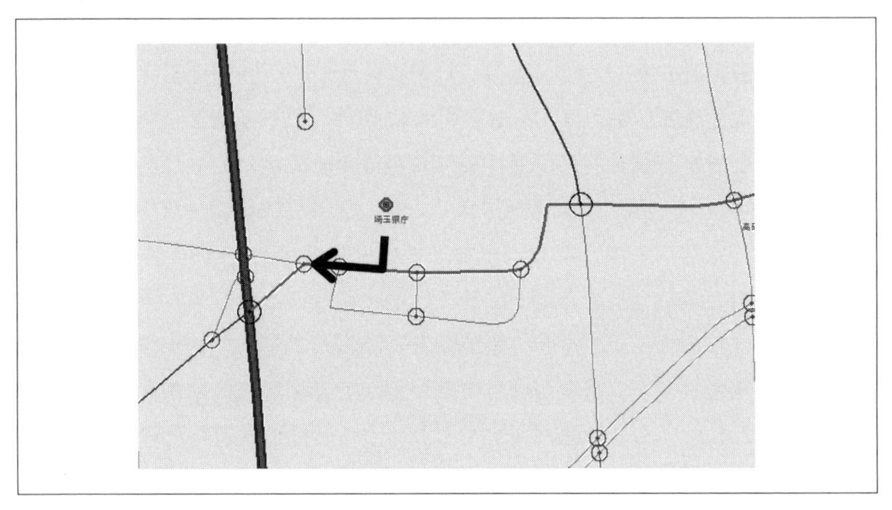

目的地：東京都庁

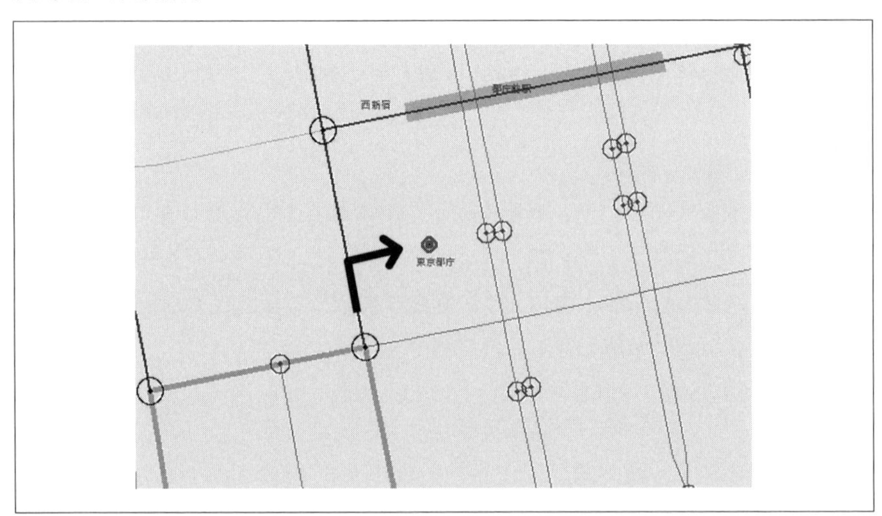

上記の搬出搬入口は仮のものです。実際にはゲートの位置などを地図上で確認する、あるいはお客様からヒアリングしてください。

※　この際、画面右上の『地図表示情報』から画面上に表示される情報を選択することや、背景を Google マップに変更することができます。使いやすいようにカスタマイズして作業を行ってください。本書では書籍上での見やすさを考慮して『特車背景地図』を選択しています。

❻　出発交差点を決めます。

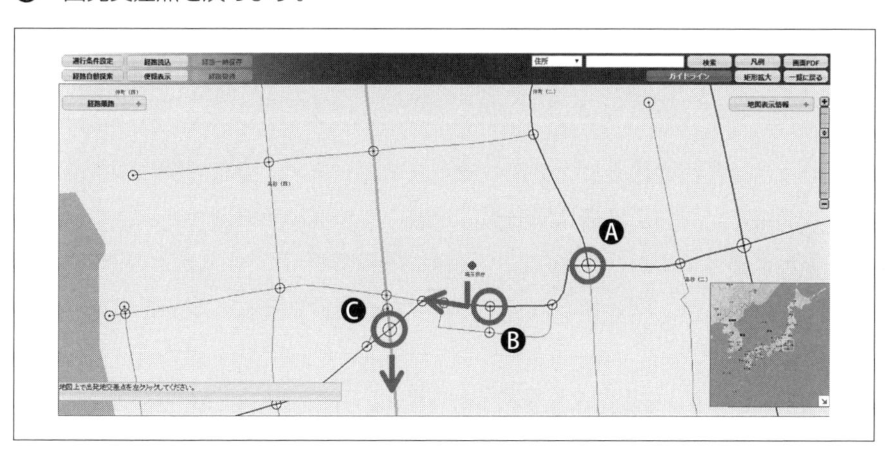

出発交差点を決めるのですが、結論からいうと交差点Ⓐが出発交差点になります。理由は２つあります。１つ目の理由ですが搬出口を交差点で挟み込むようにとらなくてはならず、実際よりも余分に経路を取る必要があるためです。２つ目としては前面が収録道路（道路情報便覧に収録あり）であれば、できるだけ収録交差点（道路情報便覧に収録あり）から始めたほうがよいからです。というのも、Ⓑのような未収録交差点（道路情報便覧に収録なし）から始めると申請者側から算定が見えないからです。前面道路が収録道路であれば多少余分に経路を取ってでも、収録交差点から始めるようにしましょう。

経路としてはその後、国道 17 号線を南下するため、まずは出発交差点をⒶ、次の交差点にⒸを取りましょう。すると下図のようになります。

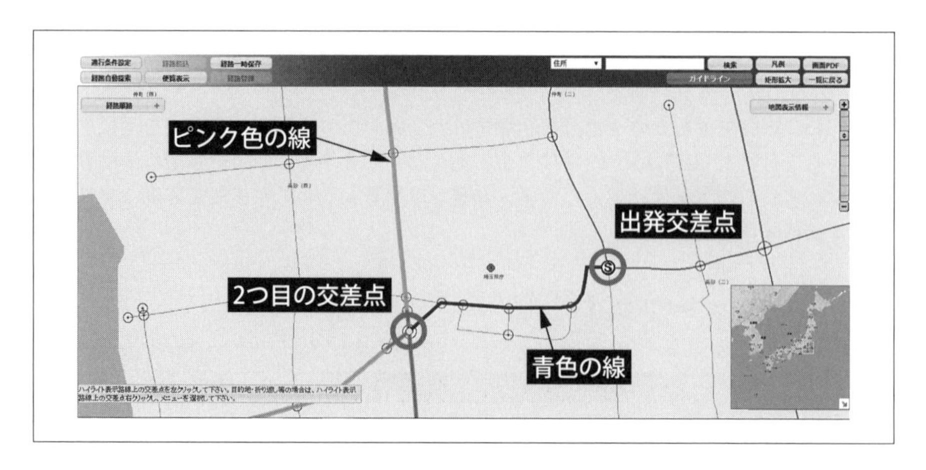

このとき、青色の線とピンク色の線が表示されます。青色の線は隣接交差点までの経路、ピンク色の線は同名称の道路のため進める経路です。よく勘違いしてしまう部分ですが、経路作成の場合は隣接交差点を一つひとつ取っていく必要はありません。同名称の道路であれば、一気にとることができます。

❼　最終交差点の１つ手前まで経路をとります。

国道 17 号を板橋区まで南下したところで３つ目の交差点をとります。
Ⓐの部分を選択すると、通行経路を表示させることができます。

以下、7 つ目の交差点までとった図です。

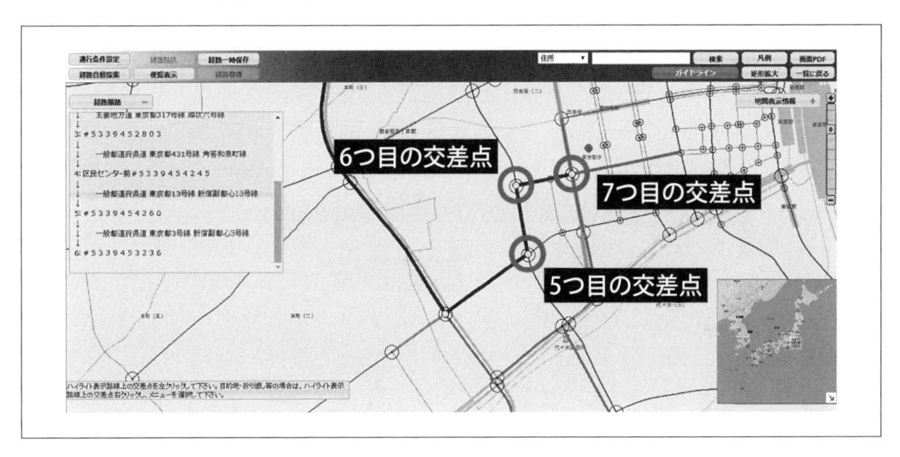

❽ 最終交差点を決定します。

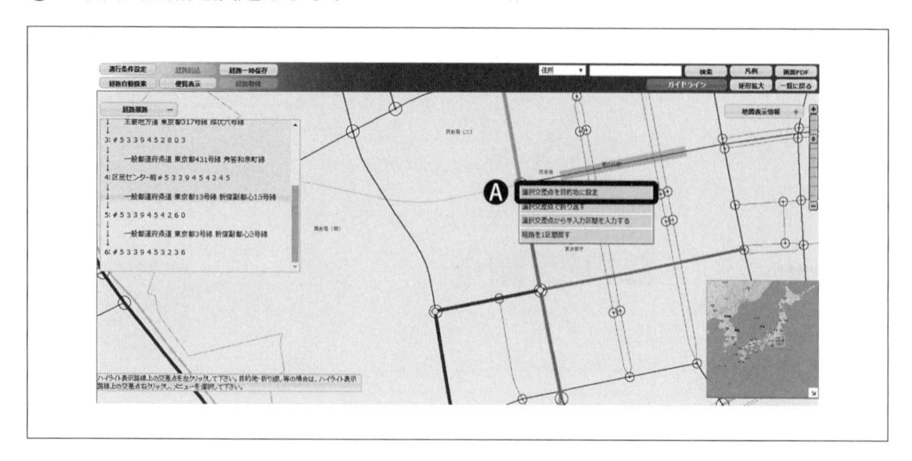

最終交差点を決める時も、出発地の場合と同様に搬入口を挟み込むようにします。最終交差点を決めたら、右クリックをし、Ⓐ『選択交差点を目的地に設定』を選択します。すると、下図のようになります。

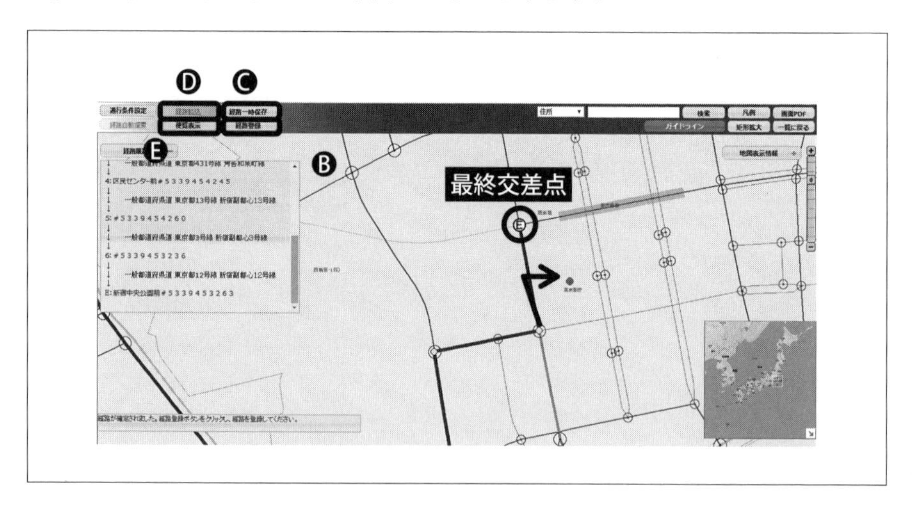

Ⓑ『経路登録』を選択します。

最終交差点には『E』と表示されています。これで経路登録をすることができるので、『経路登録』を選択し、経路作成を完了させます。

Ⓒ『経路一時保存』、Ⓓ『経路読込』の使い方

作成した経路を一時保存し、経路データとして残すためには『経路一時保

存』を選択します。『経路一時保存』を選択すると、dfz ファイルがダウンロードできますので、パソコン内に保存しておきましょう。保存した経路を読み込む際には『経路読込』を選択します。そこで dfz ファイルを読み込めば、作成した経路情報がデジタル地図上に反映されます。

E 『便覧表示』の使い方

道路情報便覧を表示させることができます。

2　経路の作成（条件あり）

1 経路の作成（条件なし）では特殊車両の中でも軽いものについて経路を作成しました。同じ車両でも重量を上げると条件が多く付くようになります。**1** 経路の作成（条件なし）で使用した車両について、重量だけを 15t 増やした場合、先程の作成画面は下図のように変わります。

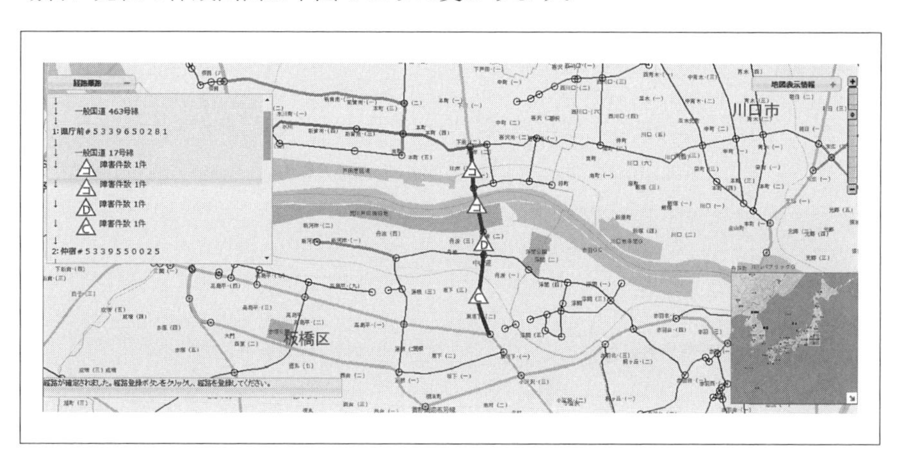

この区間は交差点の２つ目～３つ目の区間です。

△とは個別審査箇所を示します。当該車両の通行可否がシステム上判定できないために、提出先国道事務所は道路管理者に協議を行わなければなりません。もちろん、協議の結果許可となるケースもありますが、不許可となるケースも多数あります。個別審査箇所はできるだけ避けるようにしましょう。どうしても避けられない場合は、申請を行う前に道路管理者に問い合わせるなどの対策が必要です。

△Dや△Cはそれぞれ D 条件と C 条件です。お客様の中には夜間通行となる D

条件を避けたいという意向が多くあります。事前にC条件までは許容できるのか、D条件まで許容できるのかを確定しておきましょう。

3　経路の作成（未収録路線あり）

道路情報便覧に収録がある交差点、路線はそれぞれ収録交差点、収録路線と言いました。逆に道路情報便覧に収録がないものを未収録交差点、未収録路線と言います。出発地、あるいは目的地の前面道路に関して未収録交差点あるいは未収録路線である場合が多々あります。あくまでも個人的なイメージですが、全体の８割ほどの申請がそうです。これから、未収録交差点あるいは未収録路線を含む経路の作成とその際に必要な未収録地図のルールについて解説します。

例題

A地点を往路の出発地、復路の目的地となるような経路を作成します。

A地点　経路は以下のとおりです。

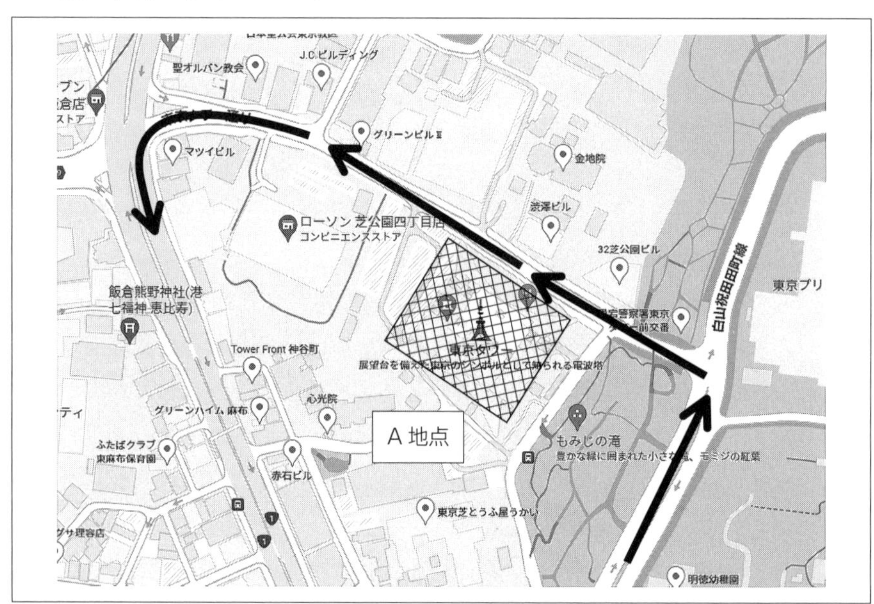

道路情報便覧でみると、以下のとおりです。

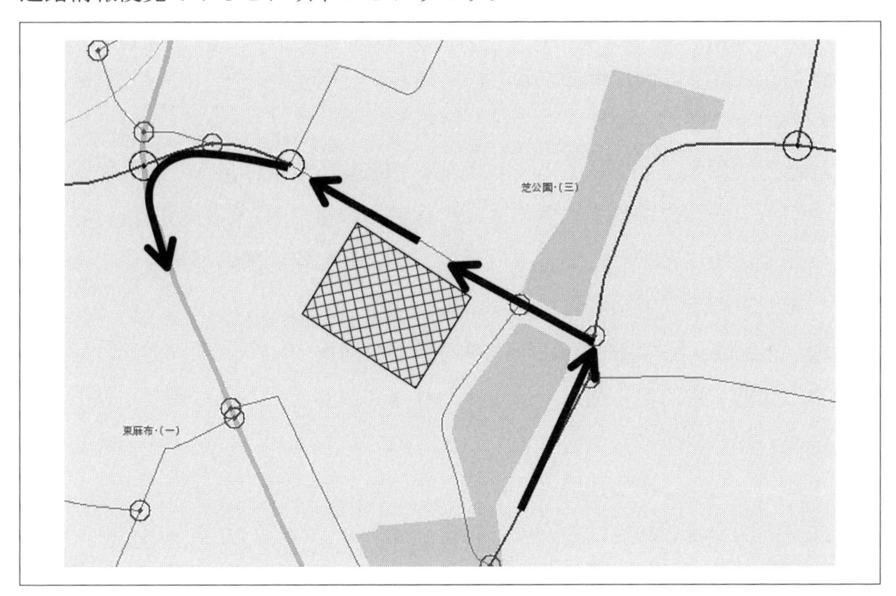

上記のように目的地前面道路は未収録路線となっています。この場合は、国道事務所が位置を確定するために詳細な地図が必要になります。これを未収録地図と呼びます。

① 未収録地図のルール

ⓐ 未収録路線の図示（図表 2-7 参照）

収録路線がどこまでで、未収録路線がどこからかがわかるようにしましょう。色を変えたり、実線を点線にしたりと工夫が必要です。

ⓑ 最初の特車交差点及び最終の特車交差点の図示

今回の申請では出発地から港区特別区道○○号線（未収録路線）を経由して収録道路に入ります。交差点番号 5339352145 を最初の特車交差点とします。また、復路の場合、交差点番号 5339354916 から収録道路を走行し、港区特別区道○○号線（未収録路線）を経由して目的地に搬入します。その場合、未収録路線を収録交差点で挟み込む必要がありますので最終の特車交差点は 5339360850 となります。

ⓒ 未収録路線名の明示

未収録路線名称を調べます。未収録路線名称の調べ方は二通りあります。1つ目は道路管理者である自治体がネット上で公開している路線網図を活用するやり方です。2つ目は道路管理者である自治体に直接問い合わせる方法です。口頭、もしくはFAXで回答してくれます。未収録路線名を明示する際に注意すべき点は、路線名称の後に『(未収録路線)』等の未収録であることを示す文言を付けておくことです。国道事務所によってここまで求める国道事務所もあります。

ⓓ 出発地・目的地住所及び名称の明示及び図示

出発地・目的地に関してはしっかりと図示しましょう。また、住所と名称がわかるようにしましょう。

次頁の図が未収録地図の完成形になります。

図表 2-7　未収録地図完成イメージ

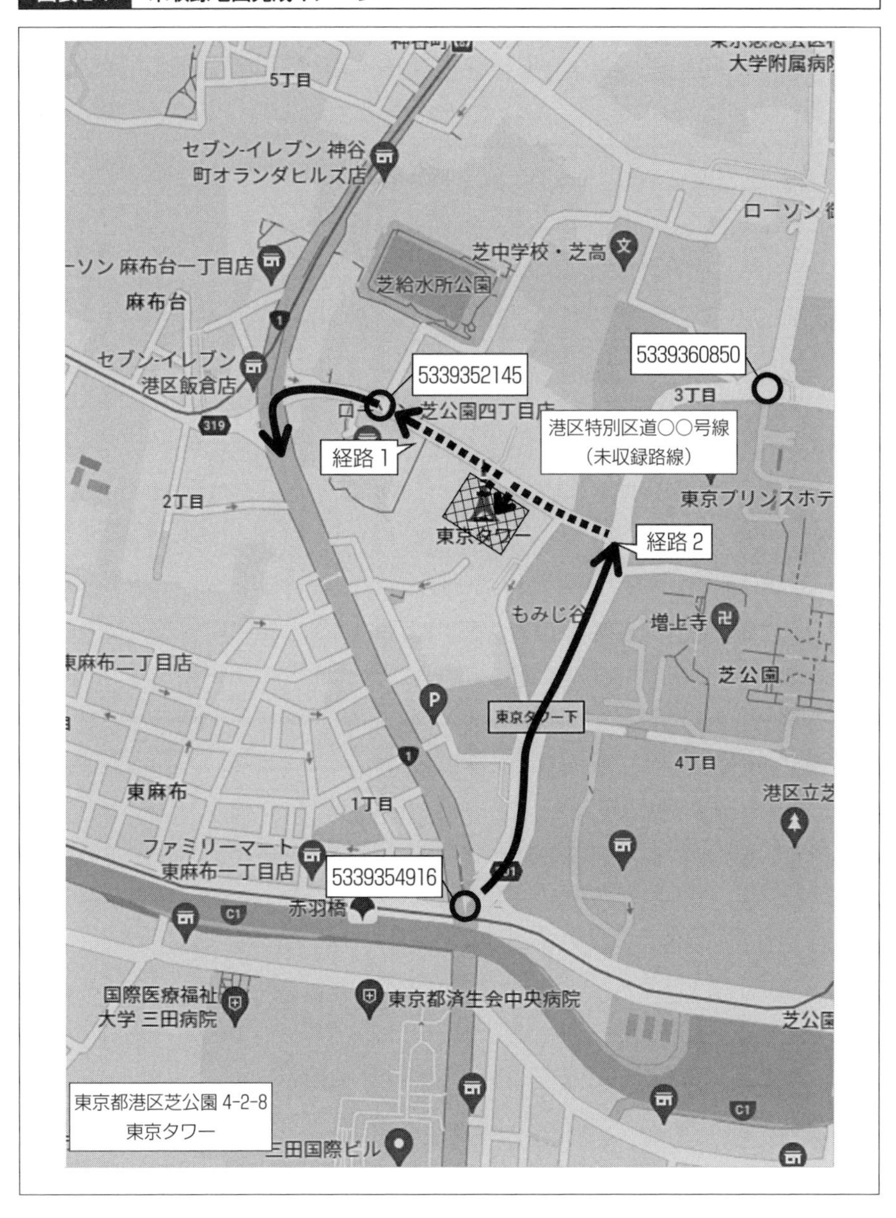

② 未収録交差点および未収録路線の入力の方法

■デジタル地図で入力する場合

まず、先述の経路作成手順と同様に『経路作成システム』画面に入ります。

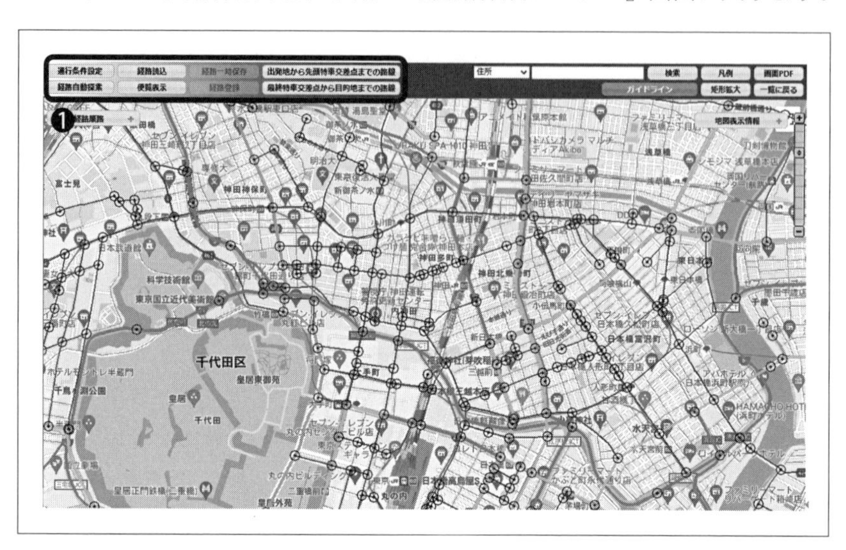

※拡大図

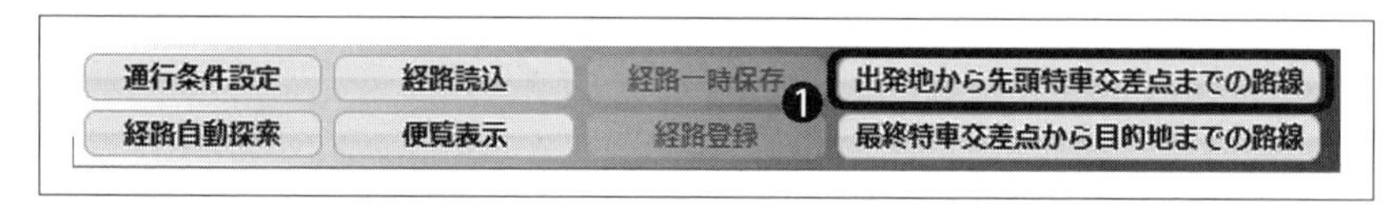

❶ 出発地付近が未収録路線である場合は、経路作成システム画面右上の『出発地から先頭特車交差点までの路線』を選択します。

すると、下記のように『出発地から特車交差点までの路線』ウィンドウが立ち上がります。

出発地から特車交差点までの指定

出発地住所 東京都港区芝公園4-2-8　東京タワー

❷

No.	交差点名称	路線名称
1	(出発地)	
2		
3		
4		
5		
6		
7		
8		
9		
10		

交差点名称および路線名称は必須入力です。「半角スペース」等は入力しないでください。

❹ 登録　キャンセル

❷ 交差点名と路線名称を入力します。

調べた未収録路線名称を入力していきます。まず、押さえておきたいことはNo.は上から順に走行する順序で入力するということです。2本の未収録路線がある場合には走行順にNo.1、No.2へ入力していきます。No.2以降の交差点名称は『未収録交差点』としてください。No.1の交差点名称は『(出発地)』のままで構いません。

目的地付近が未収録路線である場合には❸『最終交差点から目的地までの路線』を選択し、上記と同じ手順にて路線名称と交差点名称を入力していきます。

今回の例題では、経路1では『出発地から特車交差点までの路線』に、経路2では『最終交差点から目的地までの路線』の路線名称欄No.1に『港区特別区道○○号線（未収録路線)』と入力します。

❹『登録』を選択します。

交差点名と交差点番号の入力が完了したら『登録』を選択し、『経路作成システム』画面に戻ります。

この未収録路線名称の入力は、経路作成の前後どちらでも行うことができます。経路を作成済みの場合には『経路登録』を選択して経路作成を完了させ、未作成の場合には経路作成後『経路登録』を選択して経路作成を完了させます。

■交差点番号で入力する場合

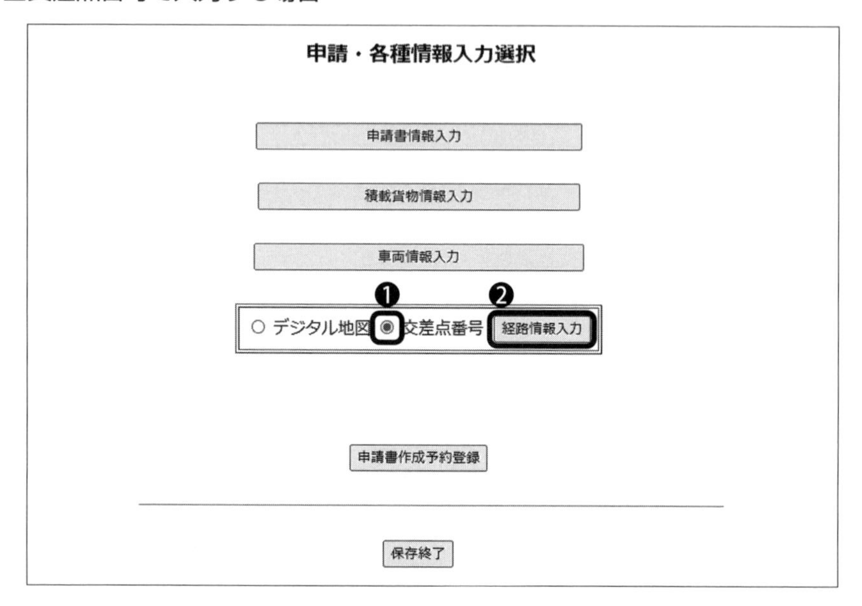

❶『交差点番号』にチェックします。

　経路作成時に使用した『デジタル地図』の横にある『交差点番号』にチェックします。

❷『経路情報入力』を選択します。

　『経路情報入力』を選択すると、『交差点番号入力』画面に移ります。

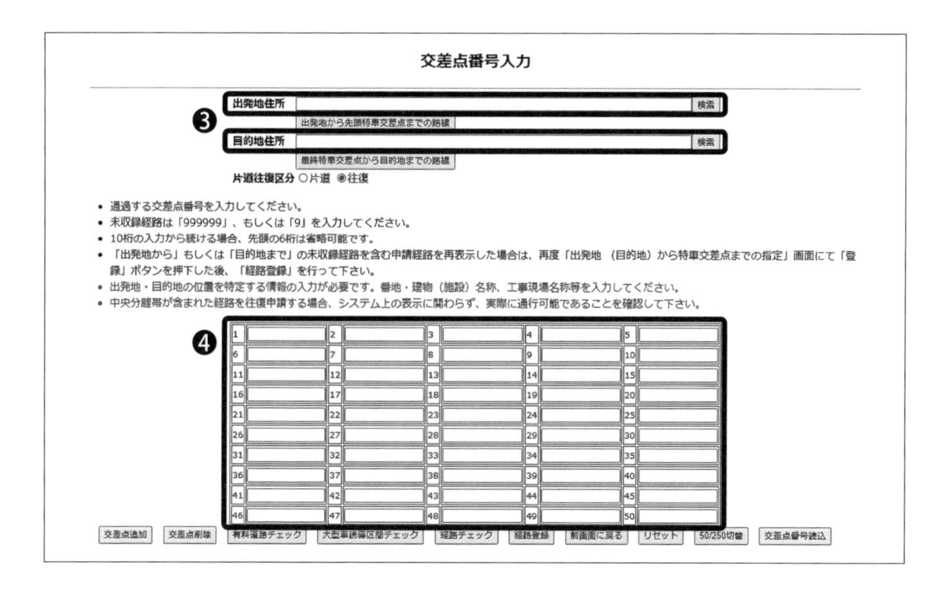

ここで、交差点番号での経路作成方法について解説します。

まず❸には先述の通り、住所と名称を入力します。❹で順に 10 桁の交差点番号を入力していくことになりますが、この交差点番号は道路情報便覧で調べることができます。ただ、かなり手間がかかるので、交差点番号の入力で経路を作成するのは作成したい経路の交差点番号があらかじめ分かっている場合に有用です。

例えば、お客様から事前に交差点番号が並んだ通行経路表を頂き、同じ経路での申請を依頼された場合には交差点番号入力にて経路作成をする方が便利でしょう。

❺ 未収録路線名称を選択します。

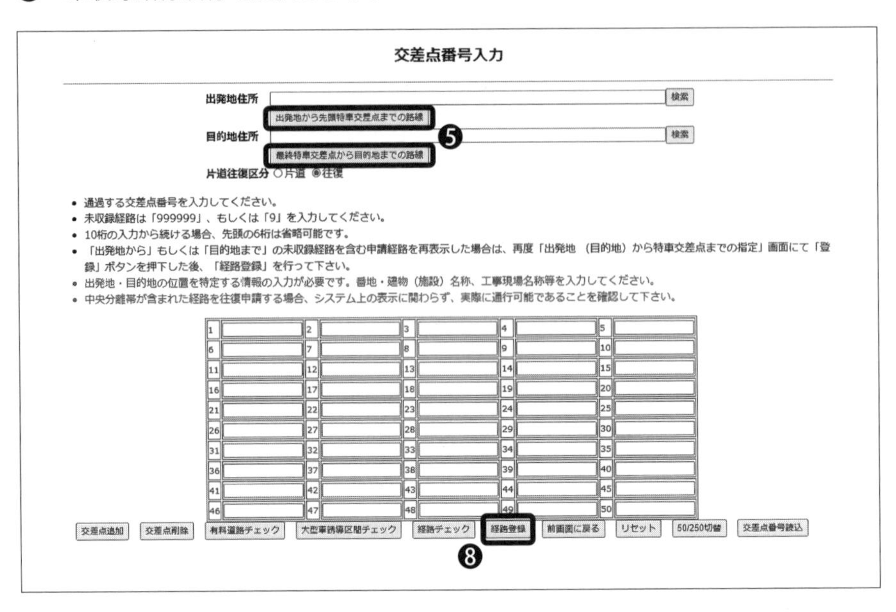

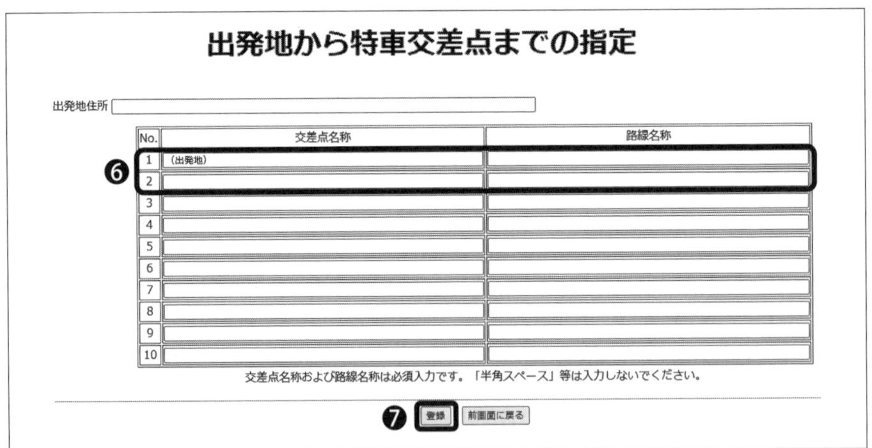

❻ 入力方法はデジタル地図での入力の場合と同様です。通行する順序で路線名称を入力しましょう。

❼ 『登録』を選択して、未収録路線の入力を完了させます。

❽ 『経路登録』を選択して、経路作成を完了させます。

これで未収録路線を含む経路の作成は完了です。

申請書作成予約

車両諸元の入力と経路作成が完了したら、いよいよ申請です。ここでは申請書作成予約画面の解説をします。

❶ 『申請書作成予約登録』を選択します。

車両諸元及び経路の入力後は『申請書作成予約登録』を選択します。すると、アラートが登場します。

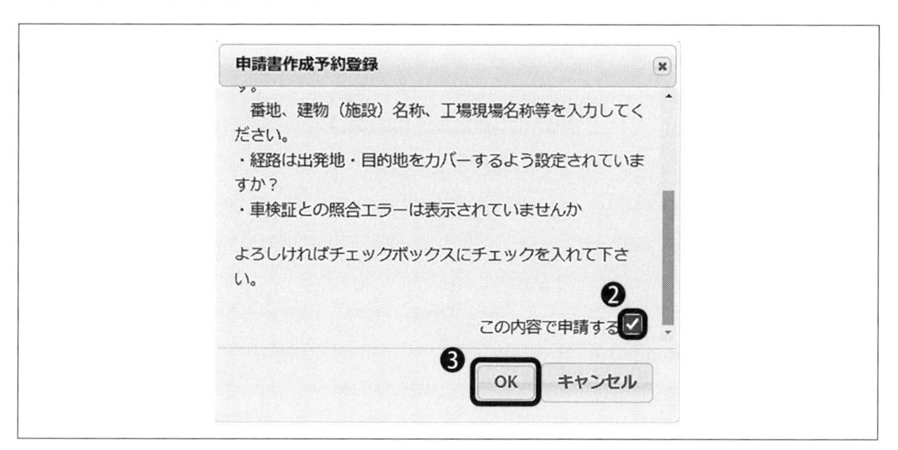

❷　アラートを確認し、チェックします。

特車申請オンラインシステムでは、書類に不備があった際に差戻しが行われます。この差戻しをする際には国道事務所の職員が提出された申請書を一つひとつチェックして申請書の不備を見つけるわけですが、この作業を最小限にするために誤りの多い事例を表示するとともに最後の確認を促します。アラート内容をもう一度確認し、問題がなければチェック欄にチェックします。

❸　『OK』を選択します。

アラート内容を確認し、チェック欄にチェックを入れると選択できるようになります。『OK』を選択すると、『申請書作成予約受付情報』画面に移ります。

この際、下記「※申請番号」を確認して下さい。

申請書作成予約受付情報

下記の内容で申請書作成予約を受け付けました。
申請番号は、申請書ダウンロードの際に必要となりますので、保管しておいて下さい。
予約状況は、申請支援システムメニュー 申請書作成状況一覧画面で確認できます。

予約をキャンセルする場合は、「予約キャンセル」ボタンを押して下さい。
申請データは、「保存終了」ボタンより保存する事ができます。

全経路印刷は、「経路情報入力」画面でしか行えません。
一旦予約キャンセルを行うか、申請データ保存後、再度申請書作成を選択し、全経路印刷を行って下さい。

※
申請番号： 0000000000

当申請データは、1番目に作成される予定です。

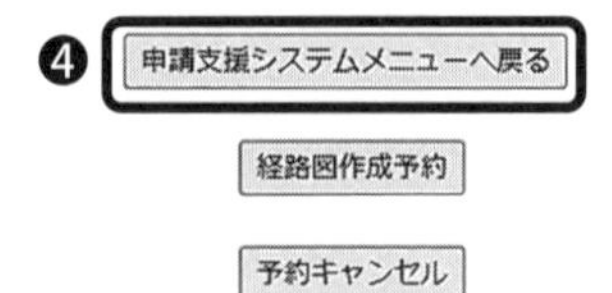

予約キャンセル

保存終了

❹　『申請支援システムメニューへ戻る』を選択します。

この画面が表示されると、申請書作成予約が受け付けられたということになります。この画面はあくまでも申請書作成予約、つまり『作成』の予約であり、これで申請が完了したわけではないのでご注意ください。『申請支援システムメニューへ戻る』を選択すると、『申請支援システム』画面に移ります。

❺ 『申請書作成状況一覧』を選択します。

『申請書作成状況一覧』を選択すると、『申請書作成状況一覧』画面に移り、作成した申請書が確認できます。

ここで、先程確認した「申請番号」ごとに作成した申請書が並びます。対応する申請書に対して下記のダウンロードを行います。

申請書作成状況一覧

申請書、申請データをダウンロードする場合は、それぞれ「ダウンロード」ボタンを押して下さい。
要再作成となっている場合、メッセージ内容を確認し、申請書を再度作成して下さい。
予約を取り消す場合は、「キャンセル」ボタンを押して下さい。
申請書の確認を行う場合は、申請データを一度ダウンロードし、「申請データの算定」ボタンを押して下さい。
申請データを国道事務所に提出する場合は、提出ボタンを押して下さい。

申請書・申請データの保存期間は35日です。作成完了から35日で削除されますので、提出後は「ダウンロード」ボタンでデータをダウンロードしてください。

前画面へ戻る　経路図作成状況一覧　画面再読み込み　申請データの算定

申請番号	申請書作成予約 受付日時	作成状況	作成完了日時	メッセージ	操作	
※ 0000000000	令和00年00月00日 00時00分	作成完了	令和00年00月00日 00時00分		申請書 ❻	ダウンロード
					申請データ ❼	ダウンロード 提出
					算定結果 ❽	ダウンロード
0000000000	令和00年00月00日 00時00分	作成完了	令和00年00月00日 00時00分		申請書	ダウンロード
					申請データ	ダウンロード 提出
					算定結果	ダウンロード

❻　申請書の『ダウンロード』をします。

作成した申請書をPDF形式でダウンロードすることができます。お客様に内容確認を行う際に使用してください。また、作成完了から35日でデータが削除されてしまうので、事務所保管用としても必ずダウンロードするようにしてください。

❼　申請データの『ダウンロード』をします。

tksデータをダウンロードすることができます。このtksデータを保存しておけば、『申請書入力方法選択』画面の『FD読み込み』にて読み込み、前回作成したデータが入力してある状態から申請書作成が始められます。国道事務所から修正依頼をされることもありますので、必ずダウンロードし、保存するようにしてください。この申請データも申請書と同じく、作成完了から35日でデータが削除されますので、注意しましょう。

❽　算定結果の『ダウンロード』をします。

作成した申請書に関する算定結果をダウンロードすることができます。詳細な算定結果が表示されますので、必ず申請を提出する前にダウンロードし、内容を確認してください。

Online System Step 7 算定書の確認

ここでは Step 6 の❽でダウンロードした算定結果の見方を紹介します。算定結果の全てに目を通すことが大切ですが、慣れてくれば重要な箇所だけをチェックするようになります。必ずチェックしておきたい重要な項目を解説しますので、しっかりと理解してください。

1 車両の諸元に関する説明書

総重量説明表

自重					積載物重量			合計
トラクタ自重	乗員(2人)	第1トレーラ自重	第2トレーラ自重	小計	前部	後部	小計	
10.36 t	0.11 t	14.60 t		25.07 t	18.00 t		18.00 t	43.07 t ❶

車両諸元表

幅(B)	高さ(H)	長さ(L)	最大軸重	最遠軸距	最小隣接軸距	リアオーバーハング	最大軸重軸最外輪中心間距離
320 cm	400 cm	1685 cm	10.86 t	1354 cm	120 cm	0 cm	226 cm ❷
各輪の軸間距離および荷重点等の距離							
11	12	13	14	15	16	17	18
19	110	111	112	113	114	115	-
							-

❶ 総重量説明表

トラクタの自重、トレーラの自重、積載重量を確認してください。特に積載重量に関してはお客様から指定される部分ですので、間違いがないか確認をしっかりと行ってください。

❷ 車両諸元表

積載貨物を積載した状態での諸元になります。積載貨物を積載した状態で幅、高さ、長さが適切か確認しましょう。

2　特殊車両通行許可算定書（総合）

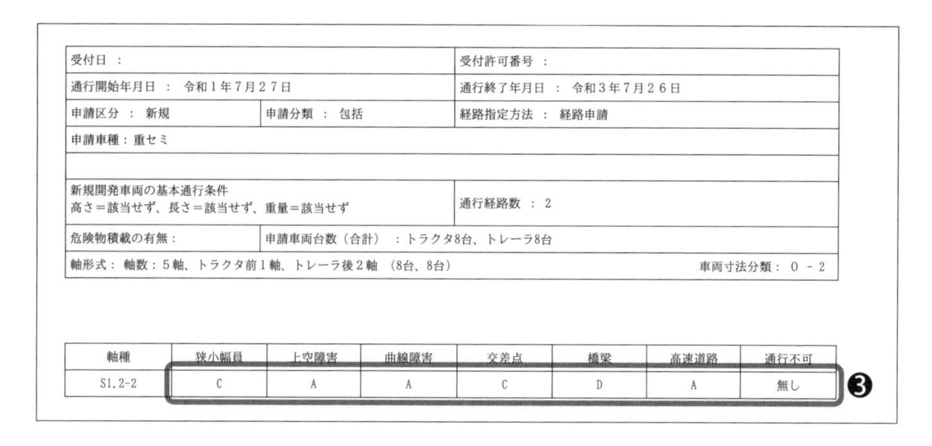

受付日 ：		受付許可番号 ：
通行開始年月日 ： 令和１年７月２７日		通行終了年月日 ： 令和３年７月２６日
申請区分 ： 新規	申請分類 ： 包括	経路指定方法 ： 経路申請
申請車種：重セミ		
新規開発車両の基本通行条件 高さ＝該当せず、長さ＝該当せず、重量＝該当せず		通行経路数 ： 2
危険物積載の有無：	申請車両台数（合計） ：トラクタ8台、トレーラ8台	
軸形式： 軸数：５軸、トラクタ前１軸、トレーラ後２軸 （8台、8台）		車両寸法分類： ０ － ２

軸種	狭小幅員	上空障害	曲線障害	交差点	橋梁	高速道路	通行不可
S1.2-2	C	A	A	C	D	A	無し

❸

❸　算定結果

申請経路の算定を総合的に算出した結果です。特に通行不可の箇所がないかの確認は必ず行ってください。実際には通行できない経路を選択してしまっている可能性があります。また、お客様から依頼された条件に適合しているかのチェックも大切です。例えば、Ｄ条件も許容できるか否かです。例示している算定書では橋梁でＤ条件が付いていますので、Ｃ条件まで許容の場合は積載重量を減らす、又は経路の再検討をしましょう。

3　Ｃ・Ｄ条件及び個別審査箇所一覧

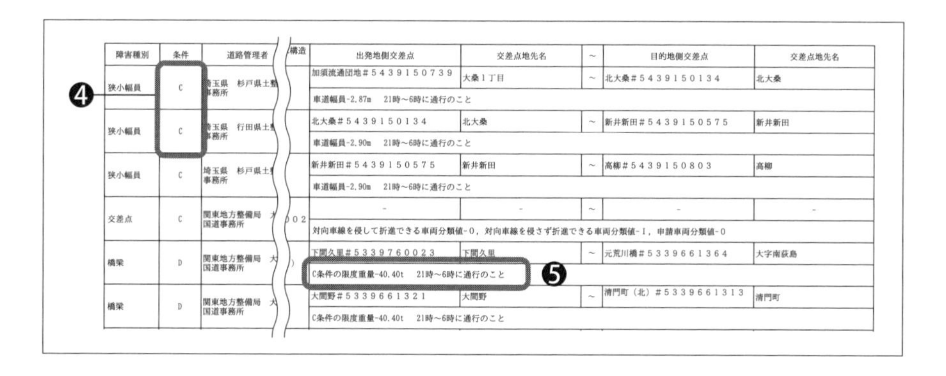

障害種別	条件	道路管理者	構造	出発地側交差点	交差点地先名	～	目的地側交差点	交差点地先名
狭小幅員	C	埼玉県　杉戸県土整 事務所		加須流通団地＃５４３９１５０７３９	大桑１丁目	～	北大桑＃５４３９１５０１３４	北大桑
				車道幅員-2.87m　21時～6時に通行のこと				
狭小幅員	C	埼玉県　行田県土整 事務所		北大桑＃５４３９１５０１３４	北大桑	～	新井新田＃５４３９１５０５７５	新井新田
				車道幅員-2.90m　21時～6時に通行のこと				
狭小幅員	C	埼玉県　杉戸県土整 事務所		新井新田＃５４３９１５０５７５	新井新田	～	高柳＃５４３９１５０８０３	高柳
				車道幅員-2.90m　21時～6時に通行のこと				
交差点	C	関東地方整備局　大 国道事務所	００２	-	-	～	-	-
				対向車線を侵して折進できる車両分類値-０，対向車線を侵さず折進できる車両分類値-Ｉ，申請車両分類値-０				
橋梁	D	関東地方整備局　大 国道事務所	)	下間久里＃５３３９７６００２３	下間久里	～	元荒川橋＃５３３９６６１３６４	大字南荻島
				C条件の限度重量-40.40t　21時～6時に通行のこと				
橋梁	D	関東地方整備局　大 国道事務所		大間野＃５３３９６６１３２１	大間野	～	清門町（北）＃５３３９６６１３１３	清門町
				C条件の限度重量-40.40t　21時～6時に通行のこと				

❹ ❺

❹ 当該区間のC・D条件及び個別審査箇所

当該区間を通行する際のC・D条件及び個別審査箇所が明示してあります。区間ごとに条件がわかるので、条件を避ける場合には当該区間を通行しないような経路を作成します。

❺ 当該区間の具体的な条件指示

当該区間を通行する際の具体的な指示が記載してあります。また、条件変更の基準も記載があります。例えば、図示している個所は『C条件の限度重量-40.40t』とありますが、これは総重量を40.40tまで落とせばC条件に変わるという意味です。

Online System Step 8 申請書の提出

いよいよ申請書の提出手続です。ここでは申請書提出時の添付書類を中心に解説し、提出後の対応にも便利なように各箇所にアドバイスを載せてあります。着実に正確に行いましょう。

申請書作成状況一覧

申請書、申請データをダウンロードする場合は、それぞれ「ダウンロード」ボタンを押して下さい。
要再作成となっている場合、メッセージ内容を確認し、申請書を再度作成して下さい。
予約を取り消す場合は、「キャンセル」ボタンを押して下さい。
申請書の確認を行う場合は、申請データを一度ダウンロードし、「申請データの算定」ボタンを押して下さい。
申請データを国道事務所に提出する場合は、提出ボタンを押して下さい。

申請書・申請データの保存期間は35日です。作成完了から35日で削除されますので、提出後は「ダウンロード」ボタンでデータをダウンロードしてください。

前画面へ戻る　経路図作成状況一覧　画面再読み込み　申請データの算定

申請番号	申請書作成予約受付日時	作成状況	作成完了日時	メッセージ	操作	
0000000000	令和00年00月00日 00時00分	作成完了	令和00年00月00日 00時00分		申請書	ダウンロード
					申請データ	ダウンロード ❶提出
					算定結果	ダウンロード
0000000000	令和00年00月00日 00時00分	作成完了	令和00年00月00日 00時00分		申請書	ダウンロード
					申請データ	ダウンロード 提出
					算定結果	ダウンロード

❶　申請データの『提出』を選択します。

オンライン申請のため、申請データを提出します。この『提出』を選択すると、『申請手続選択画面』に移ります。

ここでも、※「申請番号」が表示され、確認ができるようになっています。

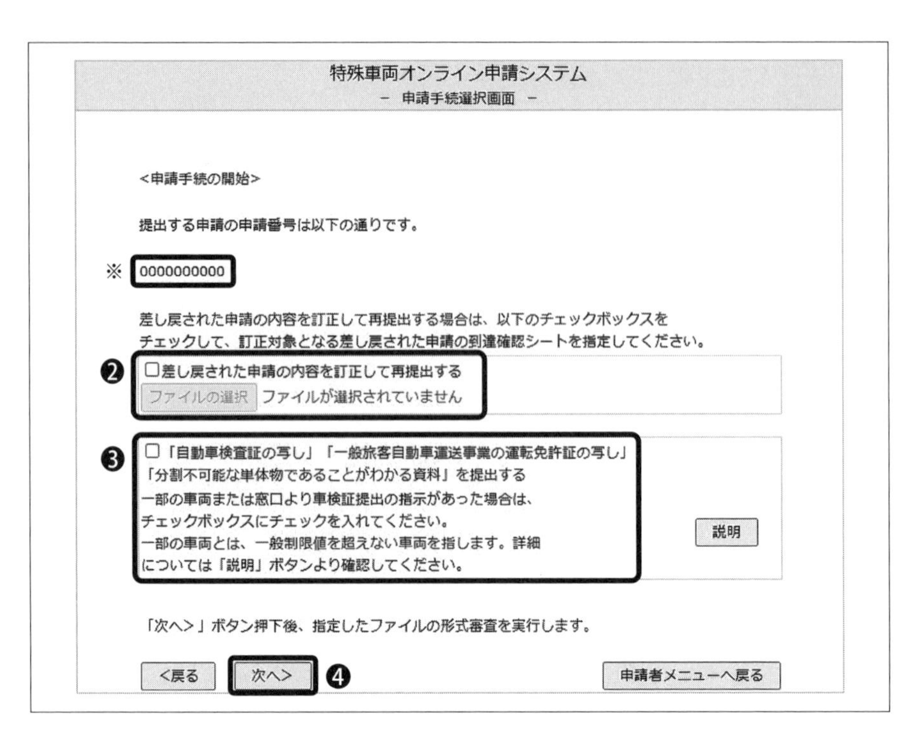

❷　チェック欄にチェックし、到達確認シートを添付します。

この欄は国道事務所から差し戻された申請を再申請するときのみ使用します。国道事務所によって対応が異なりますが、再申請の場合は優先的に審査されるときもありますので、到達確認シートを添付するようにしましょう。到達確認シートに関しては後程解説いたします。

❸　諸資料の添付を求められた場合、チェック欄にチェックします。

このチェック欄は通常の申請で使用することは稀です。車検証の写しや一般旅客自動車運送事業の免許証の写し、分割不可能な単体物であることがわかる資料など添付を求められた際にはこちらを使用します。

❹　『次へ』を選択します。

『次へ』を選択すると、『添付資料の指定画面』に移ります。

※で申請会社と申請書の最終確認をします。前7桁は申請者ごとのIDで、後10桁が作成した申請書番号です。

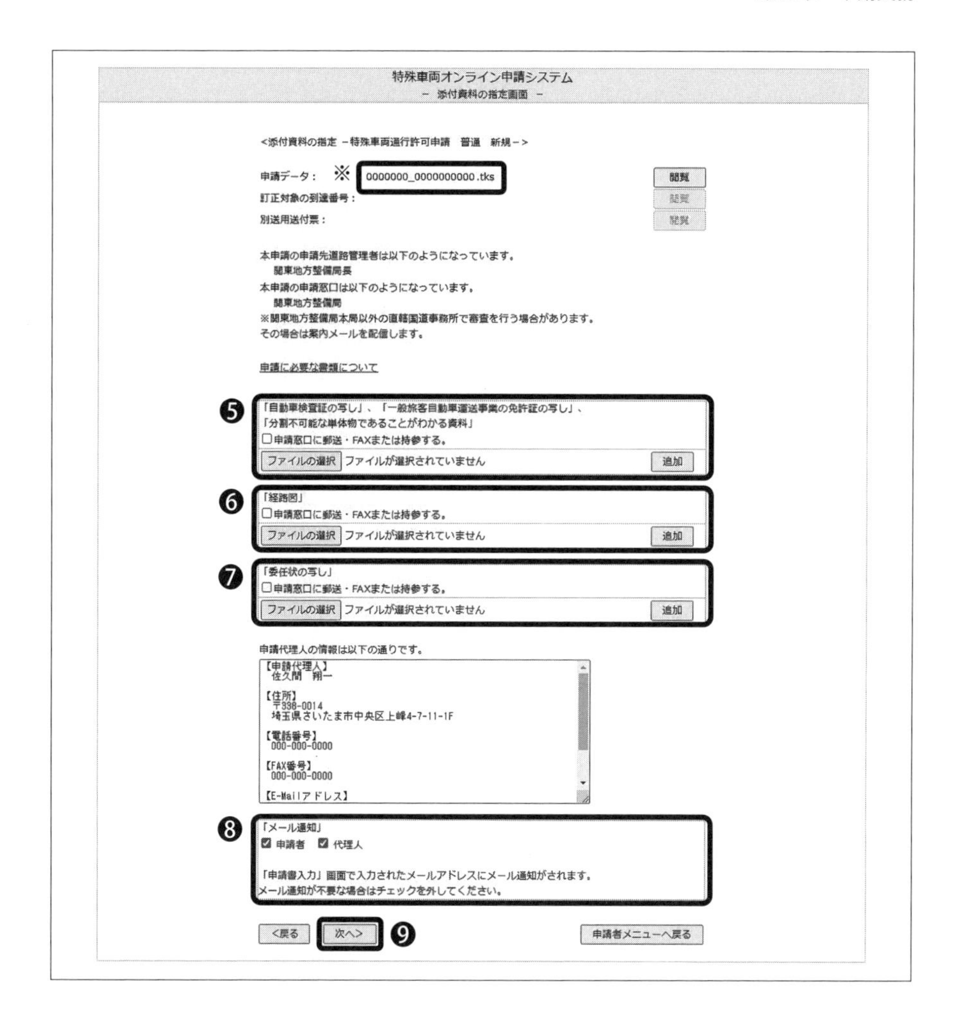

❺　諸資料の添付欄に添付します。

❸でチェック欄にチェックした際にだけ表示されます。❸で求められた資料を添付します。添付の方法は❺～❼まで共通ですが、『参照』を選択し、PC内から該当資料を添付します。その後、必ず『追加』を選択してください。『追加』を選択して、添付が完了します。注意点としては複数の添付資料を添付する際には、必ず1つずつ添付することです。具体的には『参照』から該当資料を添付し、『追加』を選択後、再び『参照』から該当資料を添付し、『追加』を選択してください。

❻　経路図（未収録地図）を添付します。

この欄は作成した経路に未収録路線を含む場合のみ表示されます。画面には経路図と記載してありますが、必ず未収録地図を添付してください。

❼　委任状を添付します。

この欄は代理人申請の際にしか表示されません。お客様から頂いた委任状を添付します。お客様から委任状を頂いた際にはスキャンし、PDFデータにしておき、添付します。

❽　『メール通知』を設定します。

このメール通知を設定すると、個別協議（審査）の準備が開始した際と、審査が終了した際にメールにて通知が来るようになります。お客様はいち早く許可証を取得したいと考えているので、許可証が発行されたらすぐに送れるよう代理人の欄には必ずチェックを入れておきましょう。一方、申請者とはお客様のことです。大量の申請を行った場合、審査開始や審査終了の都度お客様にメールにて膨大な通知が行くようになります。お客様と相談のうえ、メール通知をするかしないか決めましょう。通知を希望する場合は、メールアドレスを忘れずに登録しましょう。

❾　『次へ』を選択します。

全ての添付書類の添付が済みましたら『次へ』を選択し、『申請書データの構成確認と送信画面』に移ります。

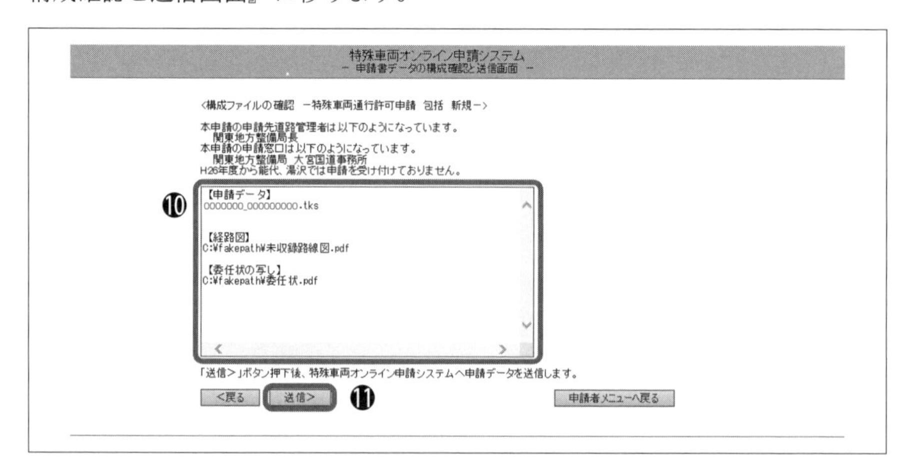

❿　提出（送信）内容の確認をします。

提出（送信）内容の確認を行います。図では申請データ、未収録地図、委任状が添付してあります。

⓫　『送信』を選択します。

この『送信』を選択すると、国道事務所に提出となります。その後、『到達確認画面』に移ります。

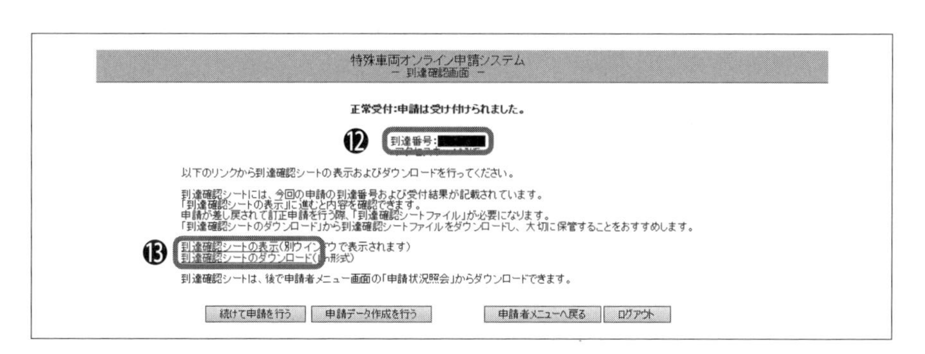

⓬　到達確認番号の確認をします。

申請が正常に受け付けられると申請ごとに到達確認番号が割り振られます。この到達確認番号は差戻しをする際、許可証を取得する際にも必要になってきます。しっかりと確認しておきましょう。

⓭　到達確認シートをダウンロードします。

到達確認シートは必ずダウンロードしておきましょう。できれば、申請書のPDF、申請データなどと一緒に管理しておくのがよいと思います。

ここまでで申請業務は完了です。

3　申請実務（更新申請）

ここでは更新申請について解説します。更新申請とは許可を受けている申請のうち、許可期間のみを更新する申請になります。2 年の許可期間のものについてはさらに 2 年、1 年の許可期間のものについてはさらに 1 年延ばすことができます。この更新申請における注意点は許可期間以外既許可証と内容が変わらないということが前提としてあることです。ただし、車両の減少及び経路の減少に限っては更新申請が認められます。車両のナンバーを変更したり、代表者名を変更したりする場合は次の項で解説する変更申請の扱いとなります。

ログインをし、『申請書入力方法選択』画面に移ります。

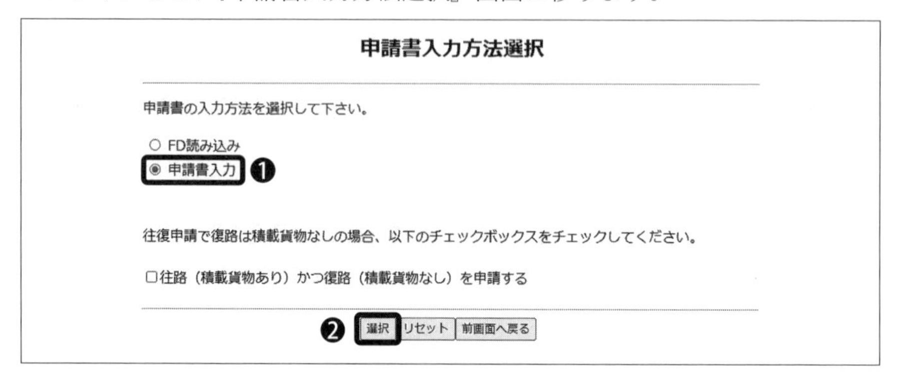

❶ 申請書入力にチェックします。

❷ 『選択』を選択します。

『選択』を選択すると、『申請種類』の画面に移動します。

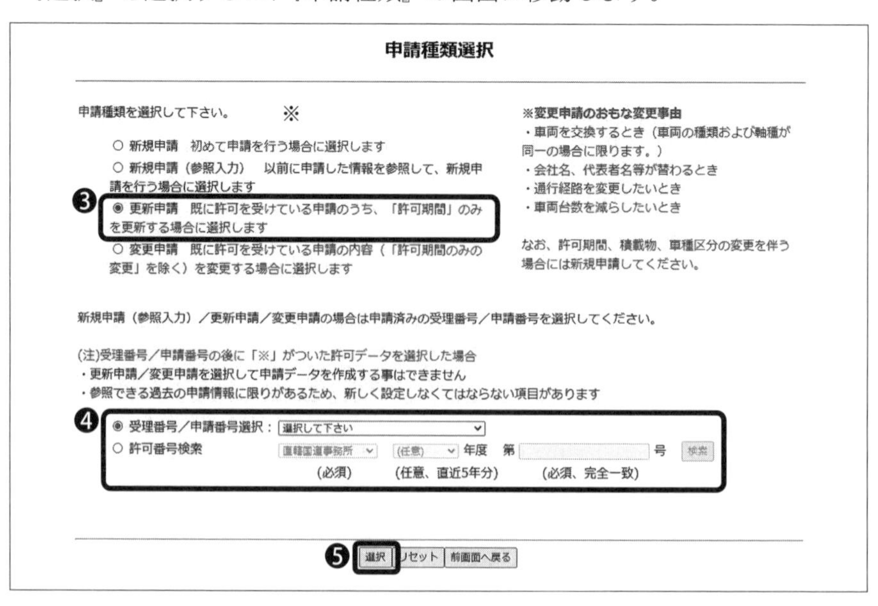

❸　更新申請にチェックします。

❹　更新する許可番号を選択します。

こちらのタブではログインした ID でこれまで取得した許可証の番号が並びます。更新申請は既許可証を前提とした申請ですので、こちらから更新をしたい許可番号を選択します。「許可番号検索」では、許可証に記載された許可番号を直接入力して更新対象となる許可を指定します。

❺　『選択』を選択します。

『選択』を選択すると、『申請書入力（更新）』画面に移ります。

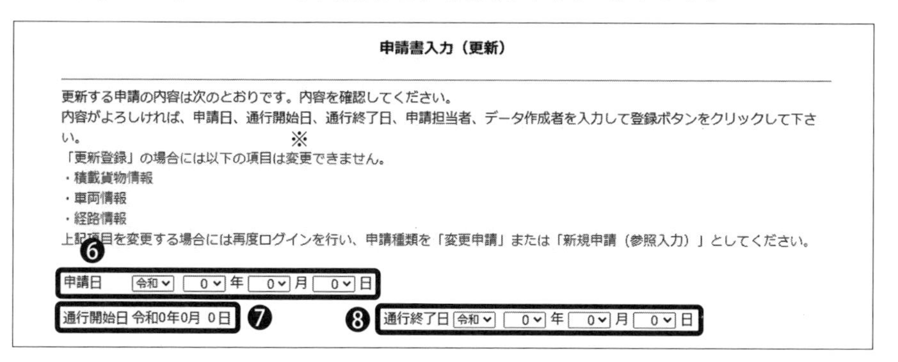

❻　申請日を入力します。

ここの申請日は新規の場合と同様に提出日を入力してください。翌日に申請予定の場合は翌日の日付を入力しましょう。

❼　通行開始日を確認します。

通行開始日は既許可証の通行期間最終日の翌日に固定されています。

❽　通行終了日を入力します。

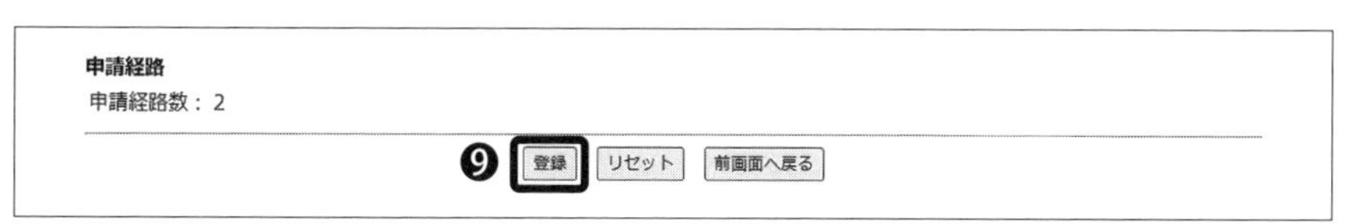

❾　『登録』を選択します。

『登録』を選択すると、『提出先指定』画面→『提出先確認』画面と移り、再度『登録』を選択すると『申請・各種情報入力選択』画面へと移ります。

⑩　積載貨物情報入力は選択できません。

更新申請は期間のみの変更のため、積載貨物情報入力は選択できません。

⑪　『申請書作成予約登録』を選択します。

その後は新規申請の場合と同じです。

4　申請実務（変更申請）

変更申請では更新申請とは異なり、期間以外の部分を変更することができます。具体的には車両登録番号の変更、車両を減らしたい場合、会社名及び代表者の変更、経路を変更したいときなどに利用します。変更申請の場合に注意しておかなくてはいけない点は、変更申請の前提となる既許可証に記載されている許可期間を変更申請後の許可証も受け継ぐということです。変更申請は新規申請と比べ、比較的早く審査が進み、許可を取得することができますがこの点がデメリットとなります。お客様から変更申請を依頼された場合には必ずこの点を伝えるようにしましょう。

ログインをし、『申請書入力方法選択画面』に移ります。

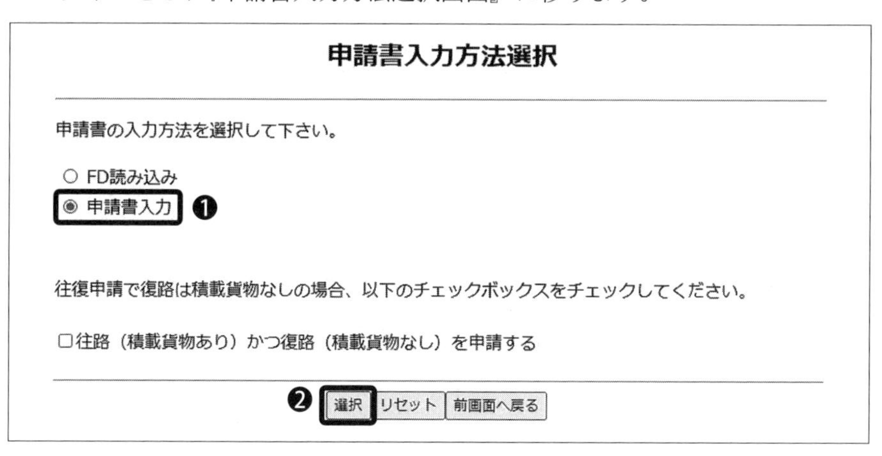

❶　申請書入力にチェックします。

❷　『選択』を選択します。

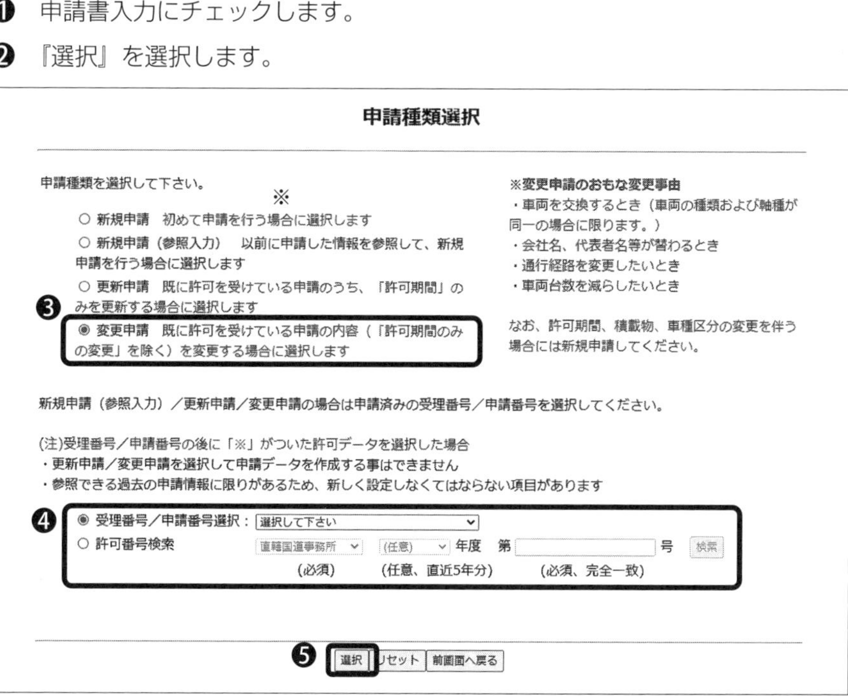

❸　変更申請にチェックします。

❹　変更する許可番号を選択します。

こちらのタブではログインしたIDでこれまで取得した許可証の番号が並びます。変更申請は既許可証を前提とした申請ですので、こちらから変更をしたい許可番号を選択します。「許可番号検索」の使い方は更新申請と同様です。

❺　『選択』を選択します。

『選択』を選択すると、『申請書入力（変更）』画面に移ります。

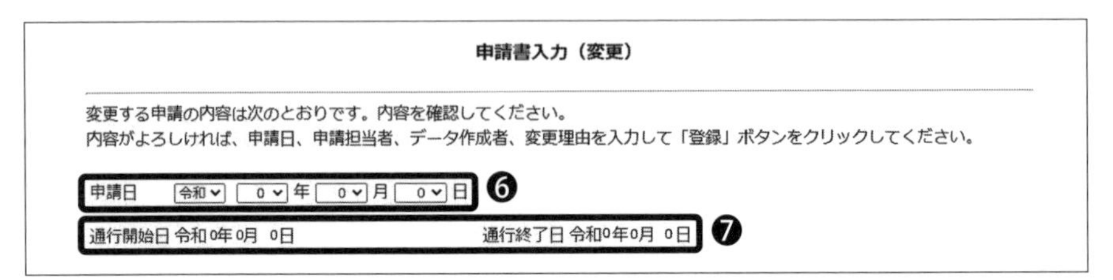

申請書入力（変更）

変更する申請の内容は次のとおりです。内容を確認してください。
内容がよろしければ、申請日、申請担当者、データ作成者、変更理由を入力して「登録」ボタンをクリックしてください。

申請日　令和　0 年　0 月　0 日　❻
通行開始日 令和0年0月 0日　通行終了日 令和0年0月 0日　❼

❻　申請日を入力します。

ここの申請日は新規の場合と同様に提出日を入力してください。翌日に申請予定の場合は翌日の日付を入力しましょう。

❼　通行開始日及び通行終了日を確認します。

通行開始日及び通行終了日は固定されています。変更申請では期間の変更はできないからです。

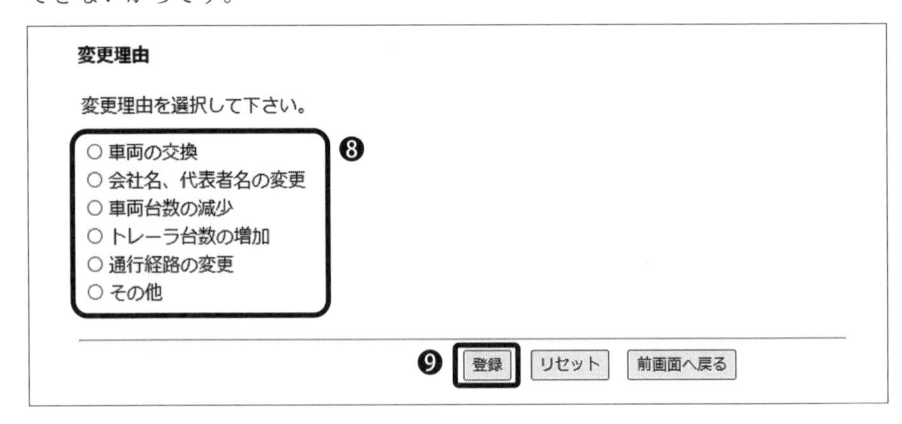

変更理由

変更理由を選択して下さい。

○ 車両の交換
○ 会社名、代表者名の変更
○ 車両台数の減少
○ トレーラ台数の増加
○ 通行経路の変更
○ その他
❽

❾ 登録　リセット　前画面へ戻る

❽　『変更理由』を選択します。

該当する変更理由にチェックを入れましょう。『その他』に関しては列挙されていない変更理由の際に使用します。例えば、車両登録番号の変更などです。また、変更理由に関してはシステム上1つしか選択することはできないので、変更理由が複数ある場合は『その他』を選択します。『その他』を選択した際に注意すべき点は、変更理由が『その他』だと国道事務所の審査担当者は何が変更されたのか具体的には把握できないことです。したがって、申請後に電話とFAXにて変更理由を提出先国道事務所の審査担当者に伝える必要があります。

❾『登録』を選択します。

『登録』を選択すると、『申請・各種情報入力選択』画面に移ります。

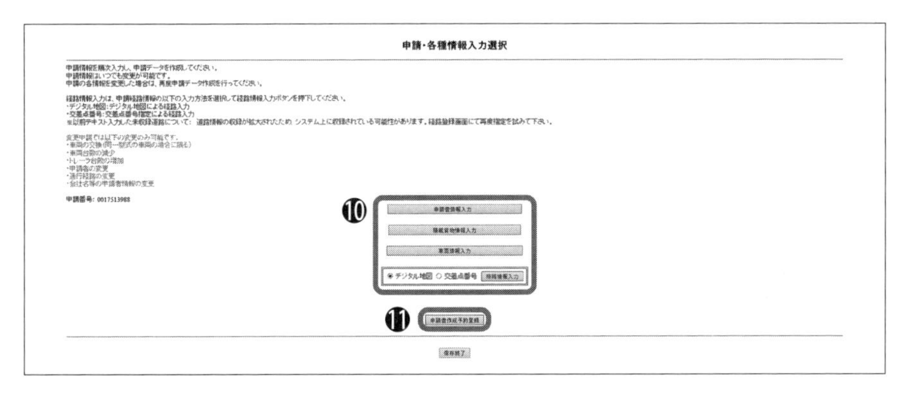

❿ 該当する箇所を変更します。

車両の台数の増減であるならば、『車両情報入力』を選択します。車両の増減で注意しておかなくてはならない点は、既許可証と車両諸元値の合成車両の値が変わらないということが条件であることです。例えば、車両を増やしたことによって車両総重量の合成値が重くなってしまった場合には、再度道路管理者との協議を要するため、変更申請の対象外となってしまいます。また、数値が小さくなればよいのかといえば一概にもそうは言えません。総重量の合成値が軽くなったと同時に最遠軸距の値が短くなってしまうと、これも変更申請の対象にはなりません。変更申請にて車両の増減を行う場合は、かなり限定的と考えたほうがよさそうです。経路を変更する際には『経路情報入力』から変更しましょう。

⓫『申請書作成予約登録』を選択します。

その後は新規申請の場合と同じです。

くり返しになりますが、変更理由が「その他」のときに、国道事務所の審査担当者からは、何が変更されたのかわからない場合があり、問い合わせがくる可能性があります。旧許可証を添付し、変更箇所を国道事務所に連絡する必要があります。

第２章のまとめ

この章では申請実務にいち早く取り掛かれるよう、実際の申請作業で必要な知識に絞って取り上げました。世の中には様々なマニュアルがありますが、『マニュアル』と呼ぶ以上、すべてのことを一通り記載することが求められています。しかし、初学者・初心者が最初に手に取るべきは傍論まで詳細に記載されているものではなく、制度の本質・概要が押さえられ、実務を一通り行えるものであるべきだと考えています。その意味で本書はマニュアルではなく、申請実務を一冊ですぐ行えるような『説明書』を目指しました。本書が特殊車両通行許可申請を始めようとする読者の手に最初にわたることを願っています。同じようなことが実はお客様対応においても言えます。特殊車両通行許可申請を依頼されて、細かい知識、傍論まで詳細に説明しようと『このような場合はこんなことも、あのような場合はあんなことも…』とつらつら説明されてもお客様は困ってしまいます。お客様の目的はただ一つ、適切な特殊車両通行許可を取得することです。この『適切な』を探るためにもまずは本論となるようなたたき台を提案することが大切です。そこから、お客様の都合に合わせて申請方法や申請時期などを定め、コンサルティングをしていきましょう。

また、今回第２版の出版に当たり見直しの作業を行っていたところ、初版の出版から約３年で制度が複数箇所に渡って変更されていました。特車申請を取り巻く状況は日々変化していると改めて実感した次第です。

この章を読了後はまずは実際にパソコンを操作してみましょう。『習うより慣れろ』という言葉がある通り、本を読んだだけでは特殊車両通行許可申請を自分のものにすることはできません。また、やってみない以上はお客様の前で自信をもってお話をすることはできません。是非、試してみてください。

（錦織）

第3章
申請後の対応

さて、前章までに記載した手続の流れにおいてひとまず申請書を作成し、指定した国道事務所へオンラインシステムからの申請手続を完了し終えたことと思います。申請データや到達確認シート等の必要データ一式をダウンロードし、後は許可証の発行を待つのみなので一段落、という所ではありますが、実際には申請の後にも許可の発行に向けて各種修正の要請や問い合わせが入ってくることがあり、これらに対応していくことも特殊車両通行許可申請業務の一部となります。

申請後の主な手続の流れは下記図表3-1のとおりとなります。

図表3-1　申請後の主な手続の流れ

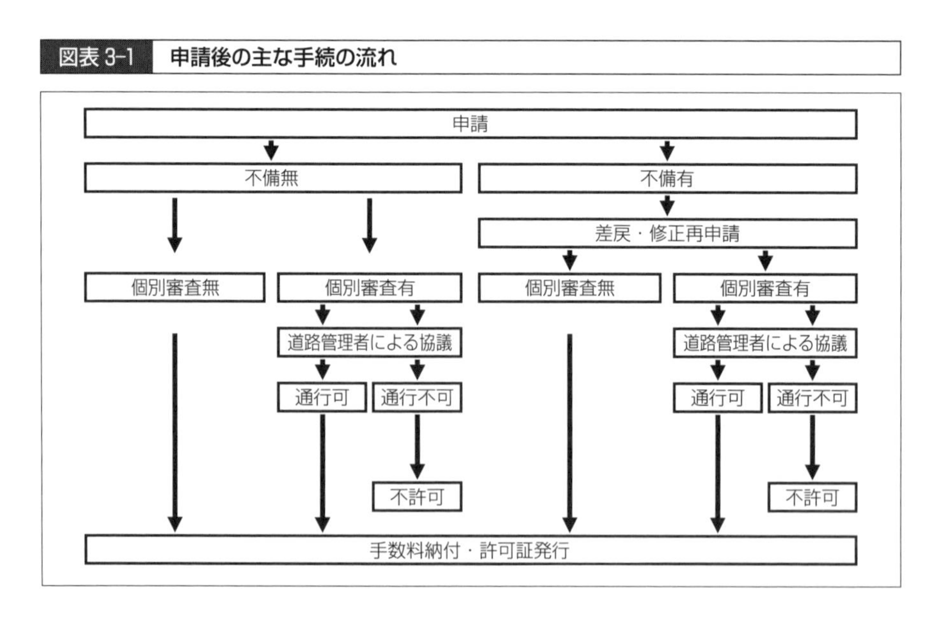

本章では申請後に想定される問い合わせについて、いくつかのパターンに分けて記載をしていきたいと思います。

1　国道事務所・道路管理者対応

まずは、オンラインシステムから申請を行う際に提出先として選択した国道事務所や、個別協議先である各道路管理者からの問い合わせについて確認していきましょう。提出した申請書についての形式的な審査段階と、各道路管理者に個別協議を送付した後の段階でのそれぞれのタイミングで対応の必要が発生することがあります。確認を要する事項は（１）「車両」と（２）「経路」についてがほとんどかと思います。ですので、それぞれの事項について段階を追って見ていきます。

（１）車両について

申請書を作成する際にはオンライン申請システムにて、車両の情報として型式・車番・各種諸元値を入力していますがこれらの入力誤り等を指摘されることがあります。単純な入力ミスであれば、車検証や諸元表の記載を確認したうえで再度申請データを作成し直します。

申請書作成の章（第２章）でお話しした包括申請を行った場合において、包括申請ができない車両を包括してしまっていたなどのミスを指摘されることもありますので、国道事務所から連絡があった場合には要修正内容をよく確認したうえで修正作業に取り掛かりましょう。

ここで確認をしておきたいのが、誤りを含んでいた申請の修正を国道事務所で行ってもらえるか否かという点です。誤りが生じた事項にもよりますが、経験上、上記の誤りが発覚した際には申請を差し戻され、修正再申請が必要となる事が多いです。ですが、国道事務所によっては修正対応を行ってくれるところもあるようですので、この辺りは国道事務所からの連絡があった際によく確認しておくとよいでしょう。

また、国道事務所において車両の登録の確認ができない場合、申請代理人に問い合わせが入ることがあります。この場合には車両が廃車となっていないか、車番変更手続が行われていないかの確認をお客様に確認する必要が生じます。

場合によっては車検証をFAX等で送付することを依頼されることもあります。申請対象車両について事前にお客様への確認を行うことができればベストですが、お客様所有の車両のみならず協力会社の車両が申請対象に含まれていると事前に全ての確認をとることは難しいこともあるかもしれませんので、問い合わせがあったら速やかに対応するようにしてください。

さらに、超寸法・超重量車両については申請時に添付した書類のほかに運行計画書（図表3-2）や緊急連絡先などの書面を要求されることがあります。お客様に確認のうえで書類を準備し、提出をしましょう。

記載内容などは図表の運行計画書を参考に、どのような事項について記載が必要か国道事務所に確認のうえで作成してください。

図表 3-2　運行計画書（参考）

運行計画書

道路管理者

　○○国道事務所長　殿

申　請　者

○○運輸株式会社

・運行時間

21～6 時

交通混雑が予想される市街地等を通行する際は、混雑する時間を避けて通行します。

・運行時の誘導方法

運搬車両の前後に誘導車を配置し、常に連絡をとりあい、他の交通の安全の確保、道路構造物の保全に努めます。

積載物に（幅、長さ、高さ）が確認できる装置として、反射板等を設置します。

・運行速度

通常走行時　　　25～40km／h

交差点及び橋梁通過時　　10～15km／h

・運搬必要時間

経路 1：約 30 分

経路 2：約 30 分

・待避所

・緊急時等連絡先

○○運輸株式会社　安全管理部　03-※※※※-※※※※

夜間　○○運輸株式会社　安全担当部長　○○　090-※※※※-※※※※

上記は申請後、申請書の形式的審査段階での問い合わせ事項として想定されるものですが、個別協議後においては車両の旋回軌跡図（図表 3-3）の作成を求められることがあります。旋回軌跡図作成ソフトとしては有料のものから無料のものまで様々あり、それぞれ機能面での差がありますが、単純な旋回軌跡図であれば無料のものでもとりあえずの対応は可能です。インターネットで検索をすると複数ヒットすると思いますから必要に応じて入手をしてください。

道路管理者より指定された縮尺や旋回角度で作成する必要がありますのでこの点について確認しておくのも重要です。

稀に、道路の平面台帳に作成した軌跡図を合わせたうえで通行が可能であることの証明として軌跡図の作成を依頼されることもあります。この場合には地図と縮尺を合わせたうえで軌跡図を作成し、地図と合わせて書面を作成する必要があります。

多機能な軌跡図作成ソフトでは作成した軌跡図をパソコン画面上で地図に合わせ、出力できるものもあるようですが頻繁に依頼されるものでもないのでとりあえずは無料のソフトで対応する事も十分可能であると思います。

図表 3-3 は単純に車両の旋回軌跡を記したものになります。通常はこちらの作成のみで事足りることが多いです。

図表 3-3　軌跡図参考画像

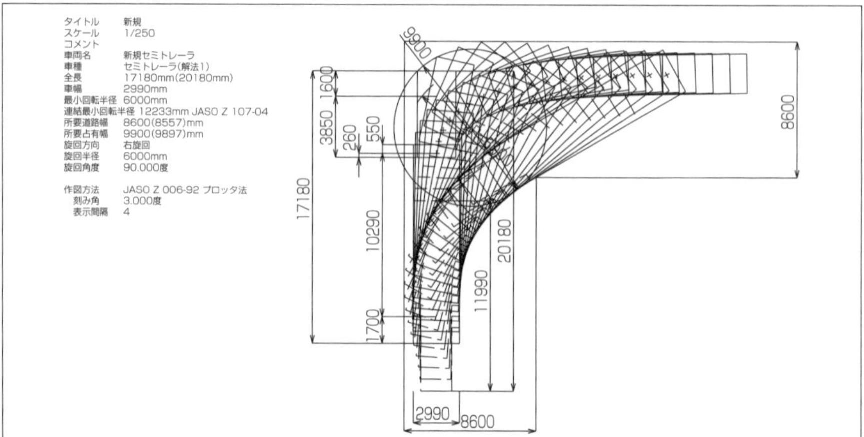

タイトル　新規
スケール　1/250
コメント
車両名　新規セミトレーラ
車種　セミトレーラ(解法1)
全長　17180mm(20180mm)
車幅　2990mm
最小回転半径　6000mm
連結最小回転半径 12233mm JASO Z 107-04
所要道路幅　8600(8557)mm
所要占有幅　9900(9897)mm
旋回方向　右旋回
旋回半径　6000mm
旋回角度　90.000度
作図方法　JASO Z 006-92 プロッタ法
刻み角　3.000度
表示間隔　4
9900
1600
3850
260
550
8600
17180
10290
20180
11990
1700
2990
8600

図表 3-4 は、実際の道路台帳に作成した軌跡図を合わせたものとなります。

図表 3-4　道路台帳に軌跡図を合わせたもの

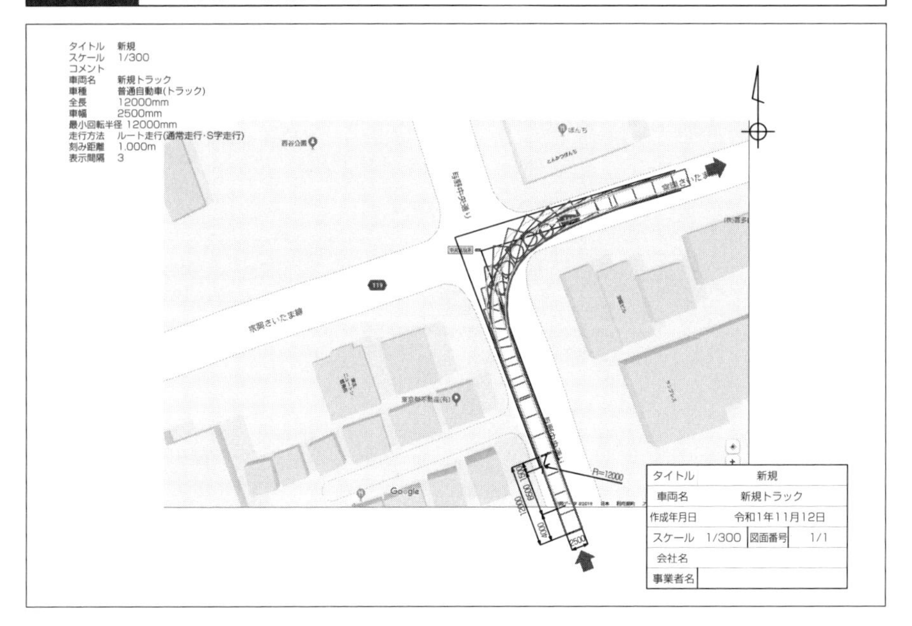

（２）経路について

次に、経路についての対応を見ていきましょう。

一番多く見られる誤りとしては、収録道路の選択において出発地及び目的地まで必要な経路が選択されていない（申請経路が出発地及び目的地手前までしかとられていない）というものです。出発地及び目的地まで到達できないため、経路不備として原則差戻しとなります。

経路に未収録路線が存在する場合にも注意が必要です。未収録路線を含む場合には申請時に未収録路線を示す地図等を添付していきますが、作成した地図と申請経路に齟齬がある場合にも経路不備として差戻しの対象となります。

これらの場合、修正を行う必要がありますので、本書の経路作成についてのページや国土交通省の申請書作成マニュアルを参考に経路を修正したうえで再申請を行いましょう。

図表3-5　未収録地図、経路表比較の参考画像

路線名	―	一般国道　1号線	一般都道府県道　東京都403号線　大手町湯島線	主要地方道　東京都301号線　白山祝田田町線
交差点名	大手町駅前 # 5339466737	大手町 # 5339468698	大手門 # 5339468699	平川門 # 5339468850

路線名	一般都道府県道　東京都401号線　麹町竹平線	○○区道 AA 号線（未収録路線）	○○区道 CC 号線（未収録路線）
交差点名	九段下 # 5339469179	未収録交差点	（目的地）

　また、個別協議後に道路管理者より未収録路線の名称誤りを指摘されることがあります。この場合、国道事務所によってその後の対応の要否が変わってきます。経路表及び未収録地図の修正を要求してくる国道事務所や、自ら修正を行い申請者側には特段の手続を求めてこない国道事務所など様々です。

　さらに、未収録路線が含まれていたり個別審査個所が申請経路に含まれていた場合には、道路管理者による協議の結果通行が不許可と判断され、その旨の連絡が入ることがあります。

申請代理人としては正直あまり想定したくない状況ではありますが、道路の現況を鑑みて管理者による通行が適当ではないと判断されたということなので当該経路については通行ができないことになります。この場合に申請代理人として確認しておくべきことは迂回路提示の有無です。

道路管理者からの協議回答書にあらかじめ迂回路の提示がある場合があります。この場合には特に問題ありませんが、迂回路が示されなかった場合には道路管理者に直接迂回路の有無を問い合わせるとよいでしょう。

ただし問い合わせの結果、有効な迂回路が見当たらないことも考えられます。この場合にはどの程度の寸法・重量であれば通行が可能となるかの確認をしておけば申請者への報告の際に再申請に向けた具体的な提案ができるでしょう。

そして具体的に不許可の連絡が入った場合、状況によっては申請経路の変更が認められ、当初からの申請手続を活かしつつ迂回路での許可が発行される場合もありますが、ケースとして多いのは当初の申請手続は不許可処分として終了したのちに新経路で再申請をかける必要があるパターンです。

この場合には改めて経路を作成する必要はありますが、迂回路として提示された経路があれば道路管理者が通行を認めた経路となるため、再申請の際に車両の変更が発生しなければ原則として通行可の判断が下されるはずです。ここまで至ってしまった場合には当初の申請から相当期間も経過していることが想定されますので、速やかに再申請手続を行うことが必要となるでしょう。

当然申請手数料などは再度発生しますので、後々のトラブル防止のためお客様へ報告を行い、再申請の意思確認を行ったうえで手続に着手することが必要でしょう。

以上のとおり、各種対応が必要となるケースが想定されますが、申請書の形式的審査の段階では申請書作成時点での確認作業をしっかりと行うことによってある程度の差戻処理を回避することは可能です。手続のポイントをよく理解したうえで、できるだけミスなく申請書を作成しましょう。

また、上記では型式違いや経路不備の場合には差戻処理がなされると記載しました。これは原則的な処理として間違いはないのですが、国道事務所によっては型式や車両登録の有無、果ては経路不備（出発地・目的地が収録道路沿いにある場合の経路の不足等）について判断しない国道事務所もあります。

この場合には経路不備等があるまま許可証が発行されてしまいますので、許可証として不完全なものとなります。あくまでこういう国道事務所もあるというでは一例ではありますが、このような申請書を作成してしまわぬようご注意ください。

2　進捗の報告

特殊車両通行許可申請においては、大まかに「申請書作成　→　申請　→　審査　→　許可証発行」という流れを辿っていきますが、全体としての期間としては長いもので数か月に及ぶ事も珍しくはありません。その間基本的には待ちのスタンスとなりますので、お客様からすると行政書士に申請を依頼して数か月もの間音沙汰がない、放置されているのでは？　という感覚にもなってしまうことでしょう。しかしこれではお客様も不安を募らせることにもなりますし、ひいては申請代理人である我々行政書士への信頼失墜という事態を引き起こしかねません。

そこでお客様と「コミュニケーションを図り、適宜進捗状況を伝えていく」というのがトラブル防止のためには必要な作業といえるでしょう。

本項では特車申請の手続の中で、どのタイミングで進捗を伝えていくのがよいのか、また、具体的にどのような情報をお客様に伝えていくべきなのかについて記載していきます。

まず、報告すべき第一段階として考えられるのは申請を行った直後です。申請完了を証する到達確認シートのダウンロードも済んで手元にある状況ですので、依頼を受けた申請について手続を行ったことの証明として到達確認シートの送付とともに報告するのがよいでしょう。その際、到達確認シートと合わせて申請書データ、申請データを依頼者に提供するか否かは契約内容に寄るところもありますのでこうすべきだ、という事はありません。

ただし、申請データ（.tks）を提供する場合には注意が必要です。このデータは申請を行った車両についてのデータが含まれているため、同じ車両を次回以降申請する場合であればそのまま利用できるものとなります。我々行政書士にとって言わば「飯のタネ」と言えるものですので取り扱いには注意してください。

申請書データ（.pdf）についても同様のことが言えますが、こちらは申請に必要な情報が記載されているにとどまるものですので、次回以降申請を行う際には改めて車両データを組んでいく必要があります。上記のような事情を踏まえ、申請データ（.tks）及び申請書データ（.pdf）についての提供をどのような形にするか契約を結ぶとよいでしょう。

次に到達確認シートの送付と共に申請完了の報告を終えた後のタイミングですが、個別審査を含むか否かで分かれてきます。個別審査が無い場合であれば概ね1週間ほどで許可証発行となりますので申請後に追加で進捗を報告する必要は少ないと思います。

問題なのは個別審査を含む場合です。審査期間が長期に及び、進捗の報告をしていく必要性が高くなってくると思われます。この場合、依頼者から進捗状況の問い合わせを受けた場合にはもちろんですが、その他のタイミングとして考えうるのはまずは個別審査が開始されたタイミングです。

申請からおおむね10日で個別審査が開始されます。個別審査が開始されるとメール通知（不要にした場合を除く）が入りますし、国道事務所ごとに受理番号が付されます。また協議先一覧がオンラインから確認できるようになりますので、協議先の数が何件あるか等を含めて報告ができると顧客サービスとしては十分でしょうか。

以上は、全体としての流れの中でのタイミングを見ていきました。申請が進んでいくと特定の協議先の返答待ちのために許可証発行に至らないという状況に対面すると思います。この場合には返答待ちになっている協議先に個別に問い合わせをかけて許可までの期間を推測するという作業が必要になってきます。

その際に問い合わせをスムーズに進めるため、協議先に伝えるべき情報が前述の受理番号及び協議開始日、申請提出先の国道事務所名になります。オンラインから上記の情報が確認できますので、参考画像（図表 3-6、3-7）を元に確認をしてみてください。

図表 3-6　個別協議先一覧画面入口

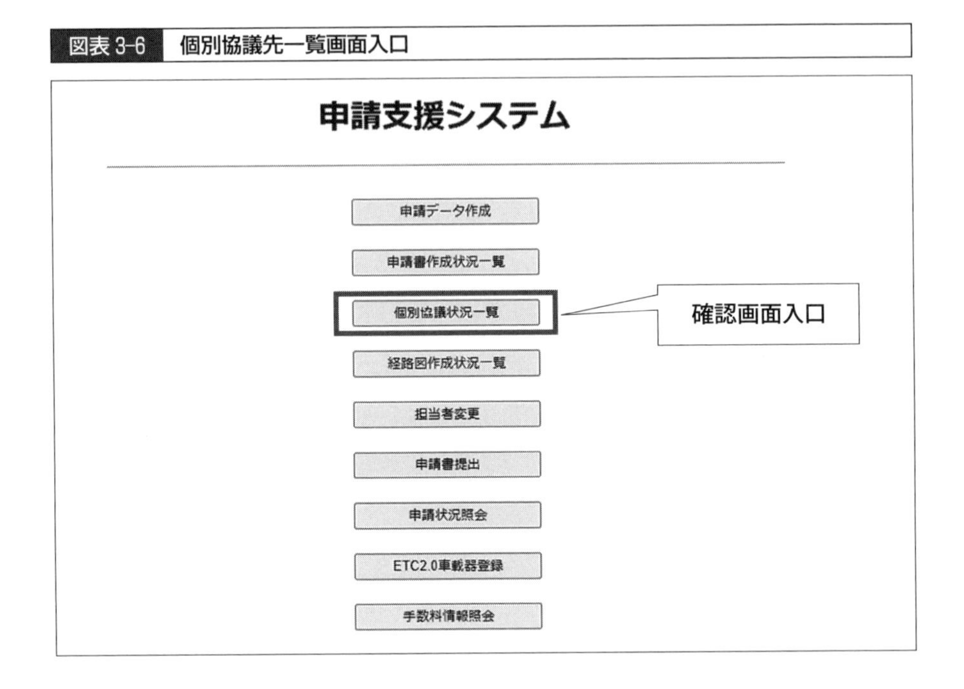

図表 3-7　個別協議先一覧画面

到達番号	受理日	受理番号	申請提出窓口	個別協議発生件数	回答済件数	回答確認日	詳細
220	2022/09/20	第407　号	申請先国道事務所名称が入ります	3件	2件		詳細
220	2022/09/20	第407　号		3件	2件		詳細
220	2022/09/20	第407　号		3件	2件		詳細
220	2022/09/20	第407　号		3件	2件		詳細
220	2022/09/20	第407　号		3件	2件		詳細
220	2022/09/20	第407　号		3件	2件		詳細
220	2022/09/13	第407　号		1件	1件	2022/10/17	完了
220	2022/10/13	第408　号		1件	0件		詳細
220	2022/10/14	第408　号		2件	0件		詳細
220	2022/10/14	第408　号		3件	0件		詳細
220	2022/10/04	第408　号		1件	0件		詳細
220	2022/10/14	第408　号		2件	0件		詳細
220	2022/10/14	第408　号		3件	0件		詳細
220	2022/10/14	第408　号		3件	0件		詳細
220	2022/10/14	第408　号		2件	0件		詳細

また国道事務所内で許可証発行作業に移ると、上記の個別協議先一覧画面から対象の申請が消去されます。この場合に手続の流れを確認したい場合には別途申請状況一覧画面（図表3-8）から行ってください。

図表3-8　申請状況一覧画面入口

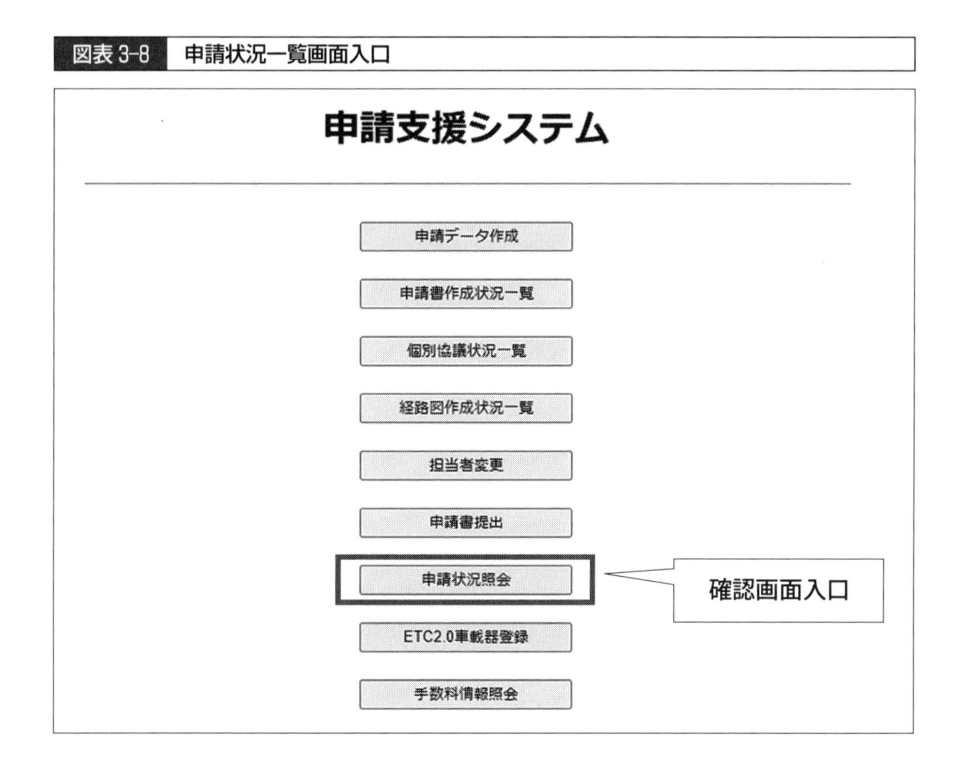

以上のとおり、本項では審査機関が長期化する可能性のある特車申請においてお客様にどの程度審査が進んでいて許可発行までおおよそどのくらいの目安になるかを伝え、お客様に安心を与えてトラブルを防止するという観点から記載をしてきました。ただし、これらはあくまでも一般的なものですので、状況に応じて適宜必要なコミュニケーションをお客様と図ることが必要となるということを念頭に業務を行ってください。

3　納付書の見方

第１章でも述べていますが、特殊車両通行許可申請では申請手数料が必要となってきます。申請手数料の納付については申請者に納付義務が生じますので申請代理人である我々行政書士のタッチする場面は少ないのですが、いざ手数料納付書が申請者に送達されると、これについての問い合わせを受けることがあります。

個別に国道事務所への確認が必要な事項についてであれば国道事務所に確認するよう誘導しても結構ですが、納付書にどのような記載がされていてどのような形式になっているか等、最低限の知識が無ければ適切なアドバイスをすることは難しいと思います。

ですので、本項では参考画像（図表 3–9）から納付書がどのような形式をしているのか確認をしていきましょう。

図表 3-9　納付書参考画像

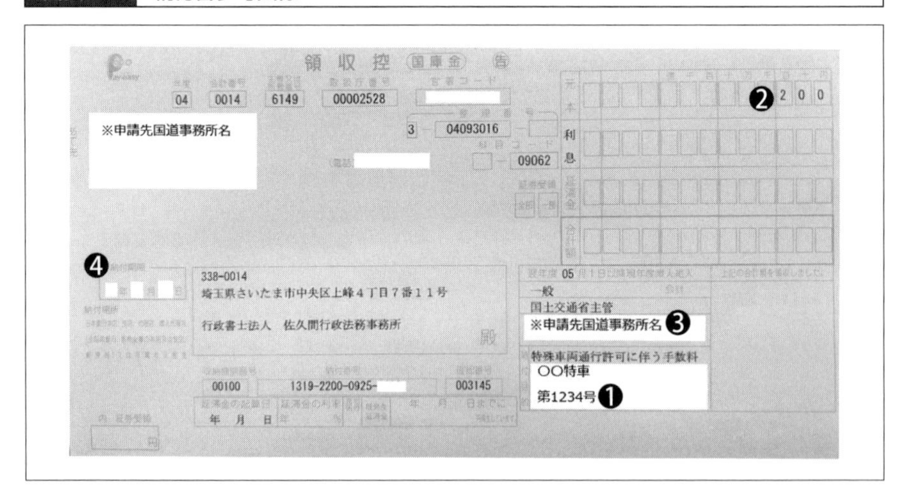
領　収　控　（国庫金）　（告）
04　0014　6149　00002528
※申請先国道事務所名
3 − 04093016
09062
利息
❷ 2 0 0
❹
338-0014
埼玉県さいたま市中央区上峰４丁目７番１１号
行政書士法人　佐久間行政法務事務所
殿
00100　1319-2200-0925-　003145
年　月　日
05
一般
国土交通省主管
※申請先国道事務所名 ❸
特殊車両通行許可に伴う手数料
〇〇特車
第1234号 ❶

❶　受理番号

申請が受理されると、到達確認番号とは別に国道事務所ごとに受理番号が発行されます。これらは許可証が発行される際の許可番号としても流用されます。

❷　金額

納付書記載の受理番号に対応する申請についての申請手数料額です。

複数の申請分がまとめて請求されることもありますので、合算の金額が表示されます。

個別の申請についての手数料額については別途問い合わせが必要です。

❸　申請先国道事務所

オンライン申請の際に申請先として選択した国道事務所名称です。

❹　納付期限

申請手数料の納付期限です。手数料の納付確認が済んでからの許可証発行となる国道事務所もありますので、期限は設けられていますが速やかに支払い手続を済ませるようお客様に伝えておくと手続がスムーズに進むでしょう。

あまりない事ですが、納付期限を過ぎても手数料の納付がされていない場合、国道事務所から申請代理人である我々行政書士に連絡が入ることがあります。

この場合には対象の到達確認番号及び受理番号を確認のうえ、速やかにお客様に連絡をして支払いの有無や納付書到達の有無などについて確認をする必要があるでしょう。

以上が特車申請手続において、納付書について最低限把握しておく必要がある事項です。納付書自体を見た経験が無いとお客様からの問い合わせにも対応が難しくなると思いますので、一度は確認をしておきましょう。

以上、納付書の見方を確認してきましたが、納付書にはどこにも到達確認番号が表示されていませんでした。

すなわち、納付書を確認したのみではどの申請についての納付書かが分からないことになりますので、各申請の手数料額内訳はシステム上確認する必要があります。確認の手順を確認していきましょう。

まずは『手数料情報照会』から確認画面に入ります。

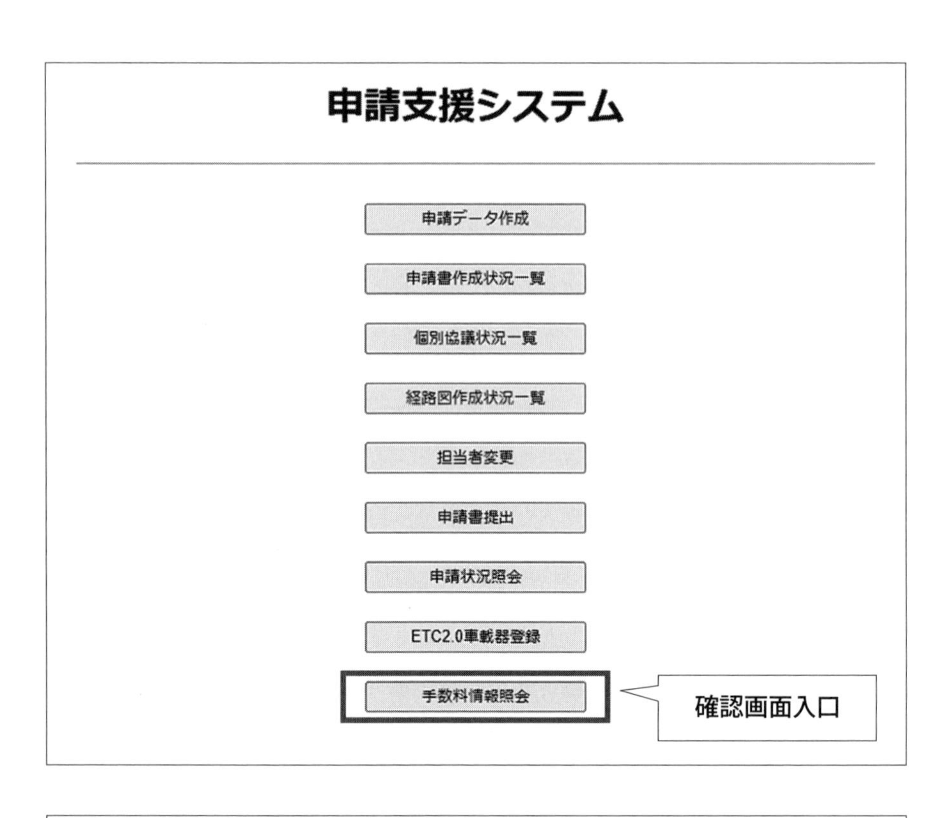

手数料一覧

代表受理番号：第［　　］号［検索］

No.	審査窓口	代表受理番号	代表到達番号	受理件数	手数料合計	内訳
1		408	2203	6	2,400 円	表示
2		408	2203	1	3,600 円	表示
3		408	2203	1	400 円	表示
4		430	2202	1	400 円	表示
5		407	2202	7	6,800 円	表示
6		407	2202	1	400 円	表示
7		407	2202	8	14,400 円	表示
8		405	2201	4	5,600 円	表示
9		405	2201	16	23,200 円	表示
10		405	2201	13	8,800 円	表示

過去１年間に発行された納入告知書（手数料納付書）が一覧で表示されます。

❶　『代表受理番号』

納付書に記載された番号です。

❷　『代表到達番号』

『代表受理番号』に対応する到達番号です。

❸　『受理件数』『手数料合計』

申請を行ったタイミングによって、複数件の申請をまとめて納付書が発行されることがあります。ここでは1枚の納付書に何申請分が含まれているか、その申請についての手数料合計額はいくらであるかが表示されます。

❹　過去1年分が一覧で表示されます。

件数が膨大になります。調べたい納付書記載の代表受理番号を入力して検索をかけることで目的の納付書に早くたどり着けるでしょう。

❺　『表示』を選択すると次の画面に移動します。

個別の納付書についての詳細を確認することができます。ただし手数料額については予定額となっており、実際の手数料と異なる可能性があることだけ覚えておきましょう。

納入告知書に記載されている手数料を確認できます。
画面に表示されている手数料は予定額のため、実際の請求額と異なる場合があります。

選択された納入告知書の代表申請情報

審査年度	審査窓口	代表受理番号	受理件数	手数料合計
令和00年度		408	6件	2,400円

納入告知書の詳細情報

No.	受理番号	到達番号	手数料
1	408	2203	400円
2	408	2203	400円
3	408	2203	400円
4	408	2203	400円
5	408	2203	400円
6	408	2203	400円

ここまで、手数料の確認方法についてみてきました。原則的にはこの方法で確認が可能ですが、例外的にこのシステムに情報を登録せず、各自のHPで受理番号と到達番号の突合せ情報・手数料額を公開している国道事務所もありま

す。申請から時間が経っても一覧に表示されない場合、提出先国道事務所に問い合わせを行ってみてください。

4　許可証発行手続

ここまでの手続を終え、無事に協議先より通行可能との回答が得られると、いよいよ待ちに待った許可証が発行されます。これまで申請書を作成し、各行政機関からの問い合わせ対応、本当にお疲れさまでした。慣れない手続に不安もあったと思いますが、発行された許可証をお客様に引き渡してひとまず手続が終了します。

それでは早速許可証の発行手続について手順を追って見ていきましょう。

まずは許可証の発行ページにログインします。これは、下記のとおり進捗状況を確認する際に利用するページと同一の入り口になります。

図表 3-10　申請状況照会入口

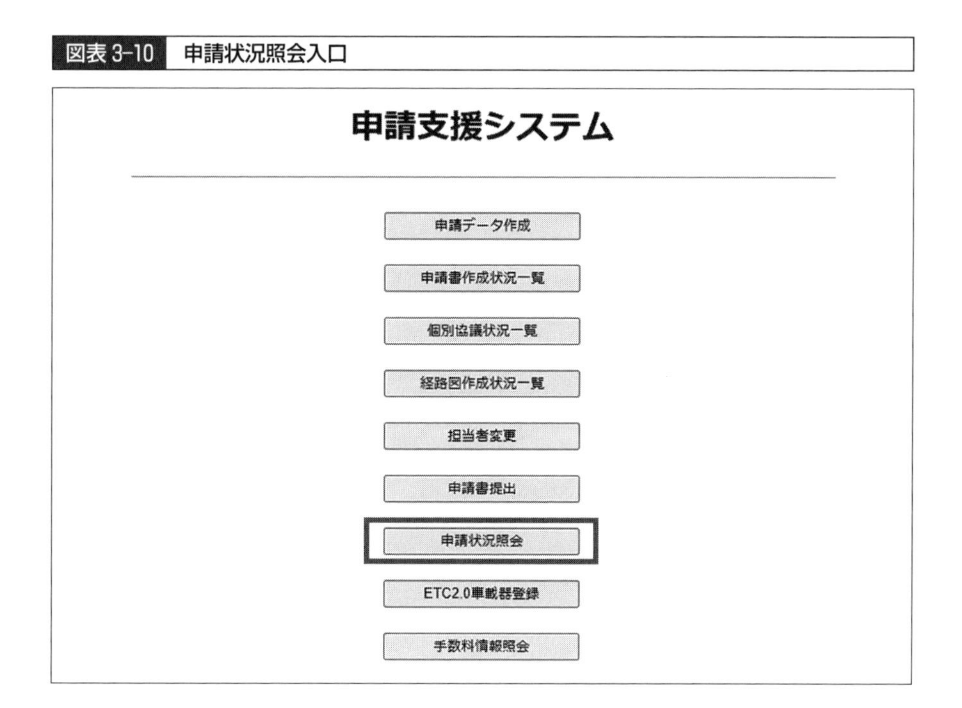

図表 3-10 で印した『申請状況照会』ボタンをクリックすると申請検索画面（図表 3-11）のページに移動します。

図表 3-11　申請検索画面

特殊車両オンライン申請システム
－ 申請検索画面 －

検索条件を指定してください。

申請手続を指定してください。
申請手続　［全検索 ▼］

申請窓口（局）を指定してください。
申請窓口（局）　［全検索 ▼］

事務所を指定する場合は「事務所指定」ボタンを押下してください。
指定した申請窓口（局）配下のすべての事務所を指定する場合は、
当画面下の「検索実行」ボタンを押下してください。
［事務所指定］

西暦で入力してください。
範囲指定ではなく、当日分のみを指定する場合は
（自）、（至）のいずれかに入力してください。
◉ 到達年月日　○ 許可有効期間（終了日）

（自）［　］年［　］月［　］日～（至）［　］年［　］月［　］日

検索対象とする申請の状況をチェックしてください。
□ 到達　□ 審査中　☑ 審査終了　□ 手続終了

［検索実行］

(検索対象が多い場合、検索実行に時間がかかる場合があります)

［メニューへ戻る］

この画面からは許可証の発行手続が行えるほか、現在審査中の申請についての手数料予定額や到達確認シートのダウンロード、さらには過去の申請について、再度許可証をダウンロードすること等が可能です。

本項では審査が終了したばかりの申請についての許可証を取得する手続を説明しますので、まずは『申請検索画面』の『検索対象とする申請の状況』のうち、『審査終了』のみにチェックを入れて検索実行を行います。

すると、ステータスが審査終了となっている申請のみが一覧で表示されます(図表 3-12)。

図表3-12　申請状況一覧画面

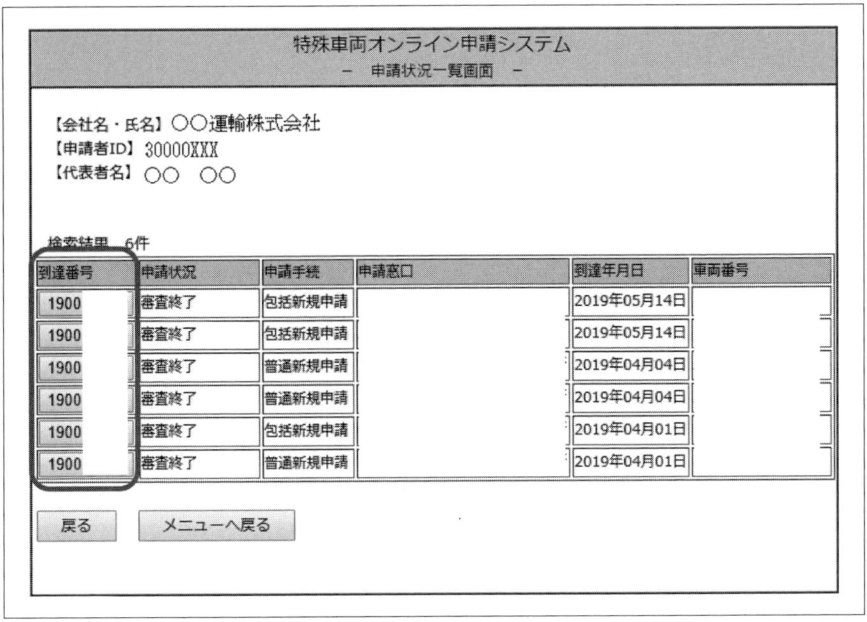

特殊車両オンライン申請システム
－ 申請状況一覧画面 －

【会社名・氏名】○○運輸株式会社
【申請者ID】30000XXX
【代表者名】○○　○○

検索結果　6件

到達番号	申請状況	申請手続	申請窓口	到達年月日	車両番号
1900	審査終了	包括新規申請		2019年05月14日	
1900	審査終了	包括新規申請		2019年05月14日	
1900	審査終了	普通新規申請		2019年04月04日	
1900	審査終了	普通新規申請		2019年04月04日	
1900	審査終了	包括新規申請		2019年04月01日	
1900	審査終了	普通新規申請		2019年04月01日	

戻る　メニューへ戻る

図表3-12の検索結果画面から『到達番号』をクリックすると、当該申請についての許可証ダウンロードボタンがありますので、ダウンロードを行います。

また、許可証のファイル形式は到達確認シートと同様.lzh形式となっています。一般的なファイル解凍ソフトをインストールしてあるパソコンであれば問題なく解凍して中を確認できると思いますが、この点についてお客様から問い合わせを受けることが度々あります。ご利用のパソコン環境によるところが大きいので各々対処していただければと思いますが、稀に問い合わせが入るところです。

以上が基本的な許可証取得の方法となりますが、ETC2.0簡素化制度（特車ゴールド）を利用して申請を行った場合で、「大型車誘導区間算定結果」をお客様に引き渡していない場合には許可証と合わせてお送りしておきましょう。ダウンロードは下記画面（図表3-13、3-14）より行うことができます。

図表 3-13　申請書作成状況一覧

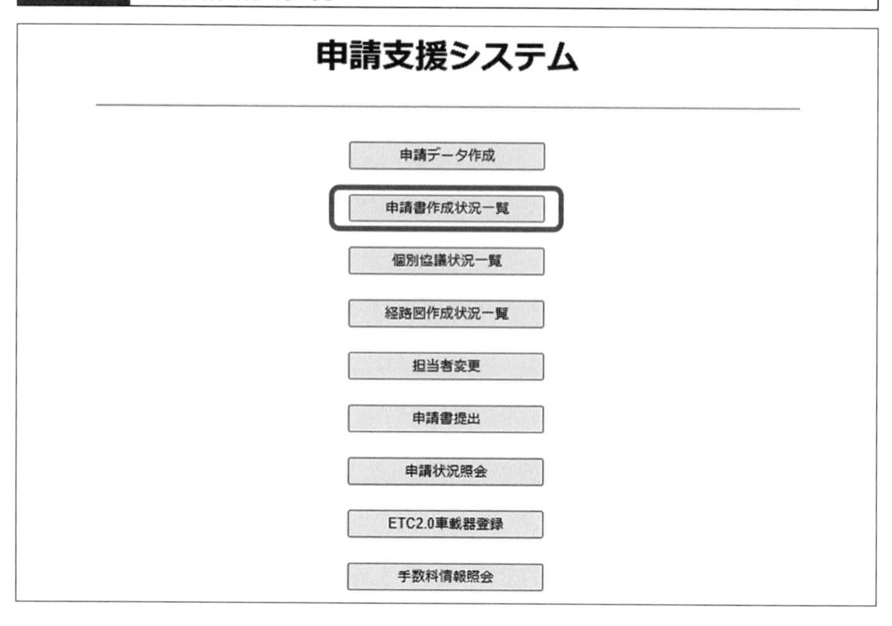

図表 3-14　大型車誘導区間算定結果

0000000000	令和00年00月00日 00時00分	作成完了	令和00年00月00日 00時00分	ETC2.0簡素化制度を利用した申請です。	申請書	ダウンロード
					申請データ	ダウンロード 提出
					算定結果	ダウンロード
					大型車誘導区間算定結果	ダウンロード

この大型車誘導区間算定結果帳票は膨大な枚数となることが多いです。タブレットで携行するなどのアドバイスをすることも必要になるかもしれません。

第３章のまとめ

この章では申請業務に付随する様々な状況への対応について記載してきました。ここに挙げた事例はあくまで想定であるため、個別の対応がさらに必要になることでしょう。

また、申請の内容に応じても事後の対応として行うべきことは変化していきます。自身で行った申請内容をしっかりと把握して対応に当たりましょう。

そして、申請後の対応としては対『人』の場面が多数であると思います。国道事務所担当者や、お客様としっかりコミュニケーションを取っていくことが肝要となります。内容によっては申請自体よりも手間のかかる作業が発生することも考えられますが、許可取得のためには避けては通れない部分となりますので、しっかりとした対応ができるよう知識を深めていただきたいと思います。

（錦織）

第4章 その他の申請方法

特殊車両通行許可申請業務では制度改正が頻繁に行われます。この制度改正は申請手続をより簡素化したり、許可基準が見直されたりと様々です。日々、改良し続ける特殊車両通行許可制度ですが、その分、行政書士としても知識のアップデートが必要です。一通りの申請手続を習得してからが行政書士としての腕の見せ所です。制度改正情報に敏感になりながら、特殊車両通行許可申請業務に専念しましょう。この章で扱う事項は、今後特殊車両通行許可制度を業務としていく際に必ず知っておきたい事項です。しっかりと理解しましょう。

1　特車ゴールド（ETC2.0装着車への特殊車両通行許可簡素化制度）

特殊車両通行許可制度において、直近で一番大きな出来事といえば、特車ゴールド制度の創設です。この特車ゴールド制度は、国土交通省が「道路の老朽化対策に向けた大型車両の通行の適正化方針」（平成26年5月9日）を発表したところに端を発します。この中で、国民の財産である道路を極めて大きく傷める重量超過の悪質違反者には厳罰化を、適正に道路を利用して物流を支えている方にはより使いやすくといった、メリハリの効いた取り組みを進めていくことを公表しました。この『適正に道路を利用して物流を支えている方には使いやすく』の部分が特車ゴールド制度創設に繋がりました。

（1）概要

特車ゴールド制度を一言で表せば、『大型車誘導区間において包括的に許可が取れる制度』ということになります。普通の申請では、申請した経路のみの審査となりましたが、特車ゴールド制度では迂回経路として考えられる大型車誘導区間全てにおいても審査が行われます。この制度が創設されたことで、今までは通行する道路によって複数の迂回路を申請していましたが、１経路の申請で事足りることとなりました。とても便利な制度ではありますが、全ての車両に適用されるわけではありませんので、しっかりと適用されるための条件を理解しましょう。

図表 4-1　特車ゴールド申請のイメージ

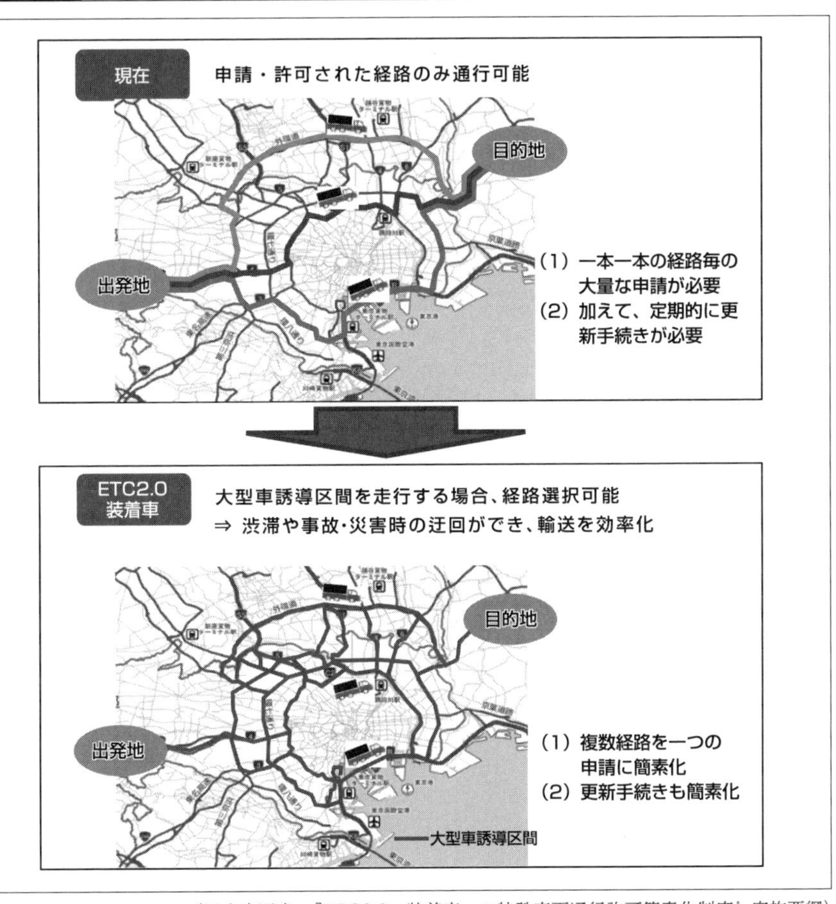

（国土交通省：『ETC2.0　装着車への特殊車両通行許可簡素化制度』実施要綱）

（2）適用条件

特車ゴールド制度は大変便利な制度でありますが、適用するためにはいくつかの条件があります。最近では頻繁にお客様から特車ゴールドでの依頼を受けるようになりました。その場合、以下の条件に適合しているかどうかを検討し、お客様へ最適なアドバイスをしてください。

① 大型車誘導区間が含まれる経路の申請であること。
② 業務支援用 ETC2.0 車載器をセットアップした車両であること。
③ 図表 4-2 の諸元に適合すること。

図表 4-2 対象車両の許可基準

<table>
<tr><th colspan="9">車両諸元</th></tr>
<tr><th rowspan="4"></th><th colspan="3">新規格車</th><th colspan="5">新規格車以外</th></tr>
<tr><th rowspan="3">単車</th><th colspan="2">連結車</th><th rowspan="3">単車</th><th colspan="4">連結車</th></tr>
<tr><th rowspan="2">追加３車種</th><th rowspan="2">特例５車種</th><th colspan="2">セミトレーラ連結車（国際海上コンテナ車を含む）</th><th rowspan="2">フルトレーラ連結車</th><th rowspan="2">ダブルス</th></tr>
<tr><th>特例５車種及び追加３車種</th><th>その他</th></tr>
<tr><td>幅</td><td colspan="8">2.5m 以下</td></tr>
<tr><td>高さ</td><td colspan="3">3.8m 以下</td><td colspan="5">3.8m 以下</td></tr>
<tr><td>長さ</td><td colspan="4">12m 以下</td><td colspan="2">17m 以下
（後軸の旋回中心から車両後端までの距離が 3.2m 以上4.2m以下の場合は17.5m以下、3.8m 以上 4.2m 以下の場合は 18m 以下）</td><td>19m 以下</td><td>21m 以下</td></tr>
<tr><td>最小回転半径</td><td colspan="8">12m 以下</td></tr>
<tr><td>総重量</td><td colspan="2">25t 以下</td><td>26t 以下</td><td>39t 以下</td><td colspan="4">44t 以下</td></tr>
<tr><td>軸重</td><td colspan="4">10t 以下</td><td>11.5t 以下</td><td colspan="3">10t 以下</td></tr>
<tr><td>隣接軸重</td><td colspan="8">隣り合う車軸に係る軸距が 1.8m 未満の場合は 18t 以下
1.8m 以上の場合は 20t 以下
（隣り合う軸重に係る軸距が 1.3m 以上であり、当該隣り合う車軸に係る軸重がいずれも 9.5t 以下の場合は 19t 以下）</td></tr>
<tr><td>輪荷重</td><td colspan="4">5t 以下</td><td>5.75t 以下</td><td colspan="3">5t 以下</td></tr>
</table>

追加３車種：あおり型、スタンション型、船底型
特例５車種：バン型、タンク型、幌枠型、コンテナ運搬用、自動車運搬用

（国土交通省：『ETC2.0　装着車への特殊車両通行許可簡素化制度』実施要綱）

（３）携行書類

特車ゴールドでは携行書類が、通常よりも多くなります。どんな種類の書類があるのか、そしてその書類の中で、どの範囲まで携行すればよいのか正確にお客様にお伝えしましょう。

①車両内訳書、②通行経路表、③通行経路図、
④特殊車両通行許可証、⑤条件書

①～⑤に関しては通常の申請と同様です。特車ゴールドに関しては、これらに加え以下の書類の携行が必要です。

⑥　大型車誘導区間算定結果帳票

大型車誘導区間算定結果帳票は特車ゴールド申請予約作成時にダウンロードできるものとなります（図表 4-3 参照）。

⑦　大型車誘導区間経路図（通行条件マップ）

特車申請システムの『各種ダウンロード』上からダウンロードできるものとなります（図表 4-4、4-5、4-6 参照）。

⑥に関しては自動的に全国の大型車誘導区間の算定がされます。

⑦に関しては全国版のものが用意されています。

⑥及び⑦に関しては予定通行経路に係るもののみ備え付ければよいので、全てを印刷して携行する必要はありません。

図表 4-3　申請書作成状況一覧画面

■	令和01年05月08日 12時05分	作成完了	令和01年05月08日 12時06分	ETC2.0簡易化制度を利用した申請です。	申請書	ダウンロード
					申請データ	ダウンロード 提出
					算定結果	ダウンロード
					大型車誘導区間算定結果	ダウンロード

図表 4-4　特殊車両通行許可オンライン申請画面

特車登録センター
HIDO 一般財団法人 道路新産業開発機構 Highway Industry Development Organization
令和4年4月1日に「限度超過車両の新たな通行確認制度」が施行されました。詳しくは左のバナーをクリックしてください。（指定登録確認機関のWebサイトに移動します）

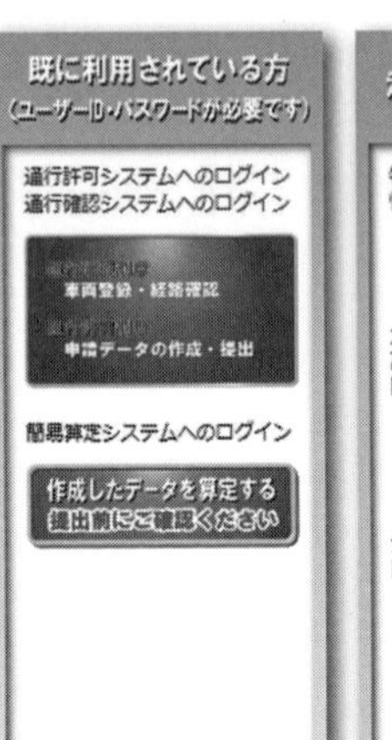

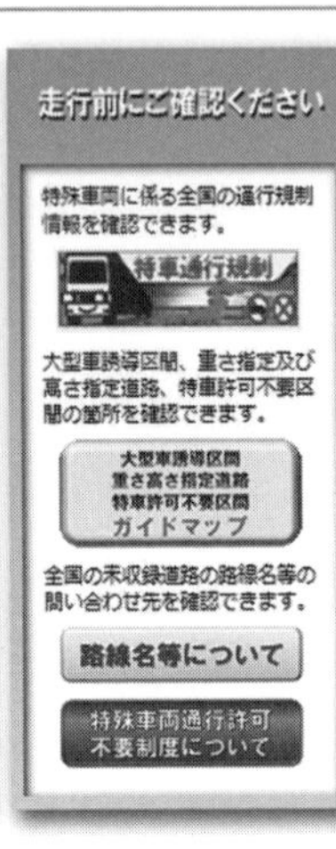

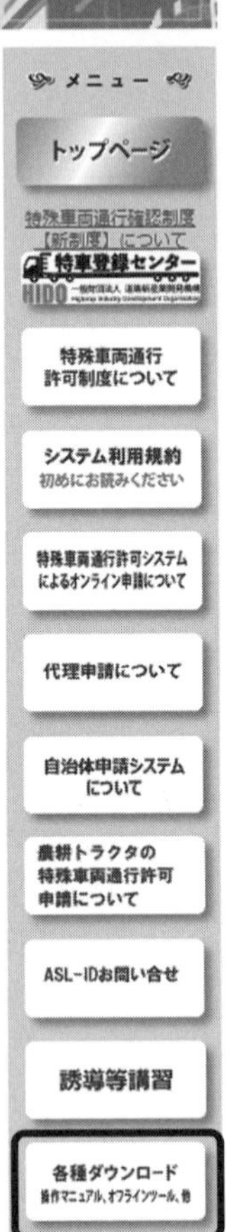

図表 4-6　通行条件マップ画面

ETC2.0装着車への特殊車両通行許可簡素化制度における
大型車誘導区間の通行条件マップ

<令和04年03月版>

全国版 (133MB)				
北海道 (23.9MB)	青森 (3.2MB)	岩手 (7.7MB)	宮城 (4.9MB)	秋田 (5.6MB)
山形 (5.6MB)	福島 (6.4MB)	茨城 (4.1MB)	栃木 (4.5MB)	群馬 (5.3MB)
埼玉 (3.2MB)	千葉 (3.3MB)	東京 (3.0MB)	神奈川 (3.3MB)	新潟 (6.5MB)
富山 (3.2MB)	石川 (3.3MB)	福井 (3.4MB)	山梨 (4.8MB)	長野 (9.8MB)
岐阜 (8.6MB)	静岡 (5.8MB)	愛知 (5.6MB)	三重 (5.2MB)	滋賀 (4.4MB)
京都 (5.7MB)	大阪 (3.8MB)	兵庫 (7.9MB)	奈良 (3.6MB)	和歌山 (3.7MB)
鳥取 (3.8MB)	島根 (4.8MB)	岡山 (5.4MB)	広島 (6.8MB)	山口 (4.3MB)
徳島 (4.0MB)	香川 (2.2MB)	愛媛 (5.5MB)	高知 (4.8MB)	福岡 (5.5MB)
佐賀 (3.3MB)	長崎 (3.3MB)	熊本 (4.8MB)	大分 (4.2MB)	宮崎 (4.9MB)
鹿児島 (3.5MB)	沖縄 (1.1MB)			

※　都道府県別になっているので、必要な箇所のダウンロードを行います。

（４）特徴

お客様に特車ゴールド制度を提案する場合、そのメリットとデメリットも説明できるようにしましょう。

①　大型車誘導区間内の迂回経路申請が不要となる

特車ゴールドでは大型車誘導区間内の迂回経路が自動で審査されますので、今まで迂回経路として余分に申請していた経路が、同じ発着地であれば１経路のみでの申請で足ります。ただ、注意しなくてはいけない点が、『包括許可外』の経路区間が存在することです。特車ゴールドでは個別審査が生じる区間に関して、他の道路管理者との協議を行わずに『包括許可外』としています。お客様の意向を聞き、必ず通りたい道路が『包括許可外』となってしまう場合には、申請書にその区間を含む経路の申請をしましょう。すると、通常の申請と同じように国道事務所は他の道路管理者に協議を回し、審査してくれます。

② 更新時の手続が簡素化される

通常の更新申請では、別途更新申請手続が必要となります。しかし、特車ゴールドではワンクリックでの更新手続となりました。具体的には、更新前の申請時に登録したメールアドレスに更新の連絡メールが届きます。そのメールにて、更新への同意確認にワンクリックで同意できるわけですが、これを持って更新がなされたものとみなされます。ただし、本制度の許可を受けた車両で法に違反して通行していることを確認し、通知を受けた場合には、当該車両に係る申請書のワンクリック更新はできません。さらに、注意しなくてはいけない点があります。このワンクリック更新はあくまでも更新が前提であるので、車両諸元・車両台数・車両番号・経路が全く同じ場合でのみ利用することができます。よくある更新ができない例として経路の変更があります。この経路変更は、便覧更新時に交差点番号が変更され、不連続となった場合をも含みます。したがって、ワンクリック更新を行う前に経路が不連続になっていないかの確認は必ずしてください。

(5) 特車ゴールド改良点

前項の特徴は特車ゴールドのメリットとして挙げられる点です。特車ゴールド制度が始まった平成28年1月当初にはもちろんデメリットとして挙げられる点もありました。具体的には①トラクタや単車の包括申請ができない、②携行書類が膨大となるという点です。しかし、平成31年に大幅に制度改正があり、上記①と②が解消されました。この点、お客様にしっかりと解説できるようになりましょう。これは経験談ですが、改正された後の知識だけを持ち合わせるのではなく、改正前の知識も持ち合わせることで特殊車両通行許可制度に対する深い理解をお客様に示すことができると思います。

① トラクタ・単車の包括申請が可能となった(平成31年3月25日〜)

特車ゴールド制度が開始された当初は車載器管理番号ごとの申請しかできませんでした。つまり、連結車の申請であればトレーラ(被牽引車)は包括できましたが、トラクタ(牽引車)は1つの申請書で1台しか申請できませんでした。単車の場合も同様で、1つの申請書で1台の申請でした。しかし、平成31年3月25日以降はトラクタ・単車の包括申請が可能となりました。従来であれば、複数のトラクタ・単車の申請を行う場合はその台数分だけ申請書を必要としていましたが、軸数や車種区分が同一などの条件を満たせば、1つの申請書にまとめて複数台のトラクタや単車を申請することができるようになりました。

②　タブレットで許可証の携行が可能となった（平成31年4月1日～）

特車ゴールド制度が開始された当初は許可証の携行は印刷した紙でした。特車ゴールドでは許可証に加えて、通行経路の地図や算定書なども携行しなくてはいけないので、数百枚程にもなっていました。さらに全国経路を通る許可証では千枚を超えることもありました。実際、トラックの助手席を埋めてしまうほどの枚数の許可証となっていました。しかし、平成31年4月1日より、許可証のタブレット携行が認められるようになりました。これは特車ゴールドに限らず、通常の許可証も同様です。タブレット携行開始は膨大な枚数の許可証を1台のタブレットに収め、利便性の向上に貢献しました。しかし、注意する点があります。それは取締時にタブレットを起動し、当該通行経路の許可証を提示する義務はトラックドライバーにあるという点です。トラックドライバーの中にはタブレット操作が苦手な方も多く、未だにタブレット携行が広まらないという現状があります。許可証のタブレット携行をお客様に勧める場合は、許可証提示義務がドライバーにあることもしっかりと伝えましょう。

2　重要物流道路制度における国際海上コンテナ車の運用

世界的に増加している国際海上コンテナ（40ft背高）を効率的に輸送し、生産性向上、国際競争力強化に資する道路ネットワークを構築する方針で、2018年3月に道路法が改正されました。この改正道路法に基づき、新たに創設されたのが『重要物流道路』という道路網です（具体的な指定道路は国交省ホームページ：http://www.mlit.go.jp/road/sisaku/butsuryu/Top03-02-03.htm）。

この重要物流道路の創設は特殊車両通行許可申請手続に対して大きな変化を

もたらしました。ある一定の条件にあてはまる国際海上コンテナ（40ft 背高）が重要物流道路上を特車許可なく通行できるようになりました（令和元年７月31 日）。

（１）重要物流道において特車許可申請が不要となる条件

重要物流道において特車許可が不要となる条件は３つあります。

①　国際海上コンテナ（40ft 背高）を積載したトレーラであること

図表 4-7　国際海上コンテナ（40ft 背高）の例

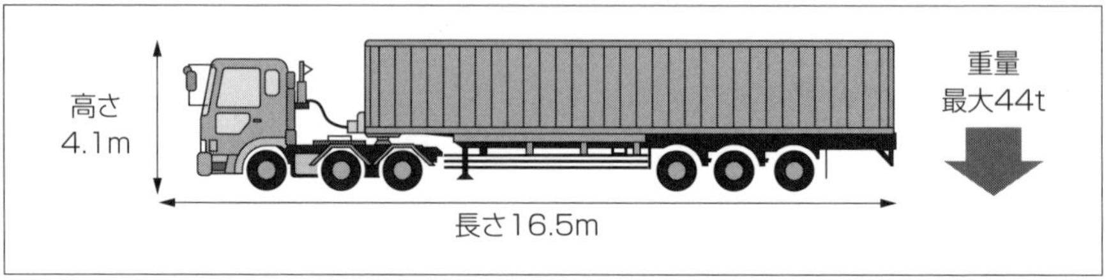

（国土交通省：重要物流道路制度における国際海上コンテナ車の運用について）

注意しなくてはならないのは、国際海上コンテナ（40ft 背高）よりも諸元が緩い他の海上コンテナトレーラは対象外であるということです（図表 4-8 参照）。

図表 4-8　対象とするコンテナサイズ

	今回対象			
コンテナサイズ	40ft 背高	40ft	30ft・31ft	20ft
諸元	12.192 4.1 15.5〜16.5	12.192 3.8 15.5〜16.5	30ftの場合 3.8〜4.1 9.125 12.5〜16.0	6.058 3.8 12.0〜15.0
用途等	○国際海上コンテナでの活用が主 ○40ft コンテナに比べ、容量上有利となるため、利用実績が増加	○国際海上コンテナでの活用が主	○特車許可台数は少ない ○ 31ft コンテナは、JR で使用されるが数は僅か（鉄道用の基本は 12ft）	○多くが、特車許可が必要な 12m 以上の車両により運搬
国際海上コンテナ特車許可台数（H28）	303,202（56％）	88,695（16％）	27（0％）	152,207（28％）
世界のコンテナシェア※	16.6 百万（51.6％）	4.7 百万（14.4％）	―	10.5 百万（32.4％）

（国土交通省：重要物流道路制度における国際海上コンテナ車の運用について）

② ETC2.0 の装着及び登録を行っていること

車両に搭載されたETC2.0 車載器に関する情報の提供を受けることにより走行経路の確認を可能とするためです。

③ 国際海上コンテナであることが確認できる書類を携行すること

国際海上コンテナであることが確認できる書類とは SOLAS 条約に基づく、機器受渡証のことです（図表 4-9 参照）。

図表 4-9　国際海上コンテナ車の総重量の確認

- ■ SOLAS 条約において、国際海上コンテナは、荷送人による**重量の測定・証明などが義務付け**られており、**ISO で規定される最大重量（30.48t）以下であることが担保**
- ■ このため、国際海上コンテナであることが確認できる**書類の携行を、特車許可を不要とする要件として設定**

<SOLAS 条約による国際海上コンテナ総重量の証明等>
①**荷送人**は、定められた方法で**コンテナ総重量を証明**
②コンテナ総重量の船積書類への記載と船長への報告
⇒ ISO で規定される**最大重量（30.48t）以内であることを担保**

<国際海上コンテナであることが確認できる書類（例）>
EIR（機器受渡証）

作成者	船会社等のコンテナ所有者（運送事業者（ドライバー）が携行）
作成目的	コンテナを貸与する際にコンテナの状態を記録するための書類
主な記載内容	・搬出又は搬入者・場所・日時 ・コンテナ番号・サイズ ・返却予定場所・日時 ・船積予定地・仕向地

【参考】SOLAS 条約について

・海上における人命の安全のための国際条約であり、163国が加盟（2018年現在）
・わが国では、条約の内容について、船舶安全法体系の省令等により担保

SOLAS 条約で定める重量計測（イメージ）

（国土交通省：重要物流道路制度における国際海上コンテナ車の運用について）

道路法改正に伴う重要物流道路の創設に伴って、国際海上コンテナ（40ft 背高）を積載するトレーラの通行許可が不要になりました。しかし、特車許可不要はあくまでも重要物流道路を通行している際に適用されるものです。重要物流道路へ行くまでの市道や県道、重要物流道路から目的地に行くまでに通行する市道や県道では特車許可が必要ですので、注意が必要です。ここからは私見

ですが、重要物流道路創設による特車許可不要制度は大型幹線道路の迂回を可能ならしめるものであり、特車許可を廃止するものではないと考えています。重要物流道路創設による特車許可不要制度によって、お客様から「許可は必要なくなったのですよね？」と尋ねられるようなケースが多くなるかと思います。行政書士として、常に正しい最新の情報を伝えられるようにしましょう。

3　許可期間の延長

平成31年４月１日より許可期間延長（これまでの２年間から最大で４年間、超重量・超寸法の車両で、これまでの１年間から最大２年間へ）の申請ができるようになりました。この制度はそもそも許可期間を延長できる点で、特別な手続が必要な更新申請とは異なるものです。この制度を利用することで、これまで２年おきに更新しなくてはいけなかったものを、４年おきの更新で済ませることができるので事務負担の軽減に繋げることができます。

（1）許可期間を延長することができる条件

① 業務支援用ETC2.0車載器を搭載し、登録を受けた車両であること

登録に関しては、特車ゴールドのときと同じようにできます。

図表 4-10　ETC2.0車載器利用登録画面

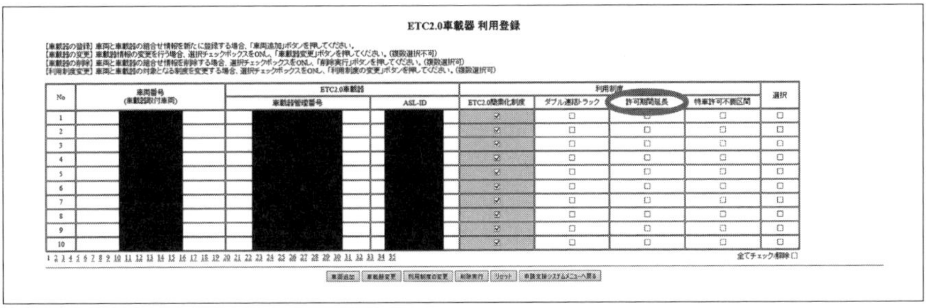

ETC2.0車載器 利用登録

【車載器の登録】車両と車載器の組合せ情報を新たに登録する場合、「車両追加」ボタンを押してください。
【車載器の変更】車載器情報の変更を行う場合、選択チェックボックスをONし、「車載器変更」ボタンを押してください。（複数選択不可）
【車載器の削除】車両と車載器の組合せ情報を削除する場合、選択チェックボックスをONし、「削除実行」ボタンを押してください。（複数選択可）
【利用制度変更】車両と車載器の対象となる制度を変更する場合、選択チェックボックスをONし、「利用制度の変更」ボタンを押してください。（複数選択可）

No	車両番号（車載器取付車両）	ETC2.0車載器		利用制度				選択
		車載器管理番号	ASL-ID	ETC2.0簡素化制度	ダブル連結トラック	許可期間延長	特車許可不要区間	
1				☑	☐	☐	☐	☐
2				☑	☐	☐	☐	☐
3				☑	☐	☐	☐	☐
4				☑	☐	☐	☐	☐
5				☑	☐	☐	☐	☐
6				☑	☐	☐	☐	☐
7				☑	☐	☐	☐	☐
8				☑	☐	☐	☐	☐
9				☑	☐	☐	☐	☐
10				☑	☐	☐	☐	☐

1 2 3 4 5 6 7 8 9 10 11 12 13 14 15 16 17 18 19 20 21 22 23 24 25 26 27 28 29 30 31 32 33 34 35　　全てチェック/解除 ☐

車両追加　車載器変更　利用制度の変更　削除実行　リセット　申請支援システムメニューへ戻る

② Gマーク認定事業所に所属する車両であること

全国貨物自動車運送適正化事業実施機関である公益社団法人全日本トラッ

ク協会は、トラック運送事業者の交通安全対策などへの事業所単位での取り組みを評価し、一定の基準をクリアした事業所を認定する貨物自動車運送事業安全性評価事業を実施しています。このＧマークは事業者ごとではなく、事業所ごとに認定されます。このＧマークに認定された事業所に所属する車両が許可延長申請の対象になります。

③　違反履歴のない事業者の車両であること

過去２年以内に違反の履歴が存在しないことが必要です。ここでいう違反履歴とは、道路法上の違反履歴となります。注意しなくてはならないのが、『過積載』です。過積載とは道路交通法上の違反ではありますが、国土交通省地方整備局が公開している資料（「許可期間の延長について」平成31年４月１日）には過積載も当該違反に該当すると示されています。この過積載とは、道路交通法上の過積載を指すのではなく、『許可を受けた総重量を超えた車両の通行』のことを指し、一般的意味として過積載と言う文言が使われています。

（２）申請の手続

申請の手続は以下のとおりです。

①　ETC2.0車載器の登録

ⓐ　ログイン

↓

ⓑ　申請支援システム画面
『ETC2.0車載器登録』を選択します。

↓

ⓒ　ETC2.0車載器利用登録画面
『車両追加』を選択します。

↓

ⓓ　ETC2.0車載器車両追加画面
［車両番号］、［車載器管理番号］、［ASL-ID］を入力し、『追加』を選択します。

↓

e ETC2.0 車載器利用登録画面

申請する車両の許可期間延長と選択の欄に☑をし、『利用制度の変更』を選択します。

↓

f 許可期間延長利用規約画面

利用規約を確認し、『同意する』を選択します。

↓

g ETC2.0 車載器利用登録画面

許可期間制度の項目の背景が赤色に変わり、利用登録メッセージが表示されます。

② 許可期間が4年の申請書を作成

図表 4-11 申請書入力画面

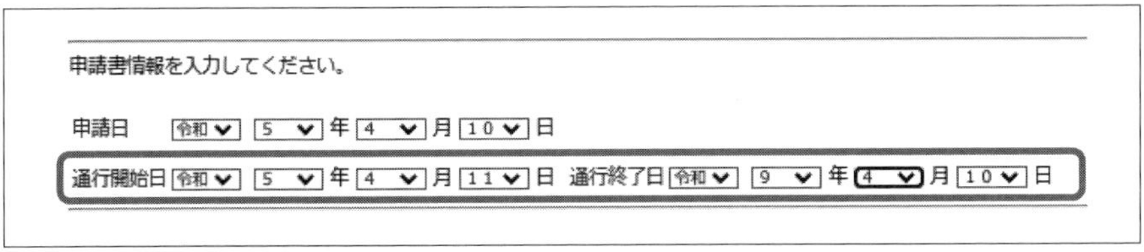

申請書情報を入力してください。

申請日 令和 5 年 4 月 10 日

通行開始日 令和 5 年 4 月 11 日 通行終了日 令和 9 年 4 月 10 日

通行期間を4年で設定し、第3章の手順通り申請書を作成したうえで、申請書作成予約登録を行います。

③ 申請書を提出する

申請書作成状況一覧画面（図表 4-12）の『提出』を選択すると、図表 4-13の画面になります。

図表 4-12　申請書作成状況一覧画面

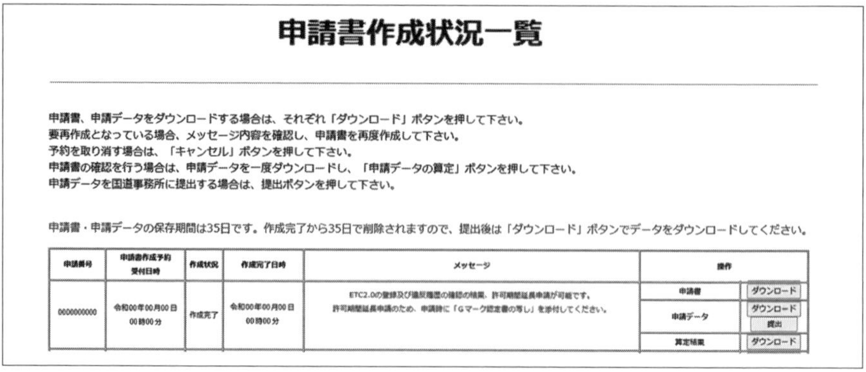

申請書作成状況一覧

申請書、申請データをダウンロードする場合は、それぞれ「ダウンロード」ボタンを押して下さい。
要再作成となっている場合、メッセージ内容を確認し、申請書を再度作成して下さい。
予約を取り消す場合は、「キャンセル」ボタンを押して下さい。
申請書の確認を行う場合は、申請データを一度ダウンロードし、「申請データの算定」ボタンを押して下さい。
申請データを国道事務所に提出する場合は、提出ボタンを押して下さい。

申請書・申請データの保存期間は35日です。作成完了から35日で削除されますので、提出後は「ダウンロード」ボタンでデータをダウンロードしてください。

申請番号	申請書作成予約受付日時	作成状況	作成完了日時	メッセージ	操作	
0000000000	令和00年00月00日 00時00分	作成完了	令和00年00月00日 00時00分	ETC2.0の登録及び違反履歴の確認の結果、許可期間延長申請が可能です。 許可期間延長申請のため、申請時に「Gマーク認定書の写し」を添付してください。	申請書	ダウンロード
					申請データ	ダウンロード 提出
					算定結果	ダウンロード

図表 4-13　申請手続選択画面

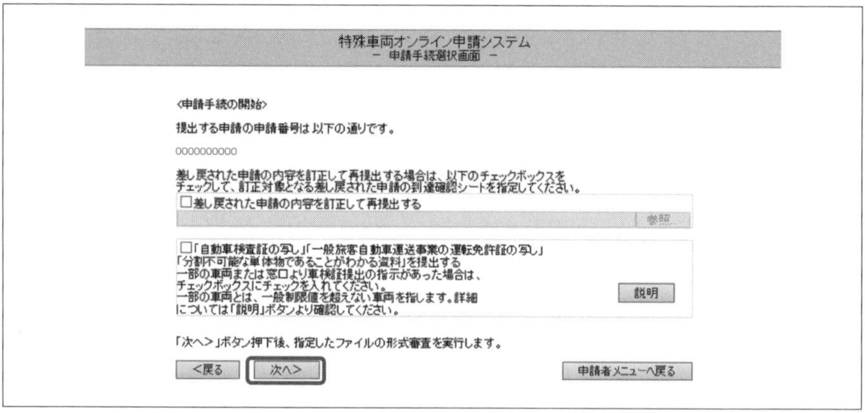

特殊車両オンライン申請システム
－ 申請手続選択画面 －

<申請手続の開始>

提出する申請の申請番号は以下の通りです。

0000000000

差し戻された申請の内容を訂正して再提出する場合は、以下のチェックボックスをチェックして、訂正対象となる差し戻された申請の到達確認シートを指定してください。

□差し戻された申請の内容を訂正して再提出する

参照

□「自動車検査証の写し」「一般旅客自動車運送事業の運転免許証の写し」「分割不可能な単体物であることがわかる資料」を提出する
一部の車両または窓口より車検証提出の指示があった場合は、チェックボックスにチェックを入れてください。
一部の車両とは、一般制限値を超えない車両を指します。詳細については「説明」ボタンより確認してください。

説明

「次へ>」ボタン押下後、指定したファイルの形式審査を実行します。

<戻る　次へ>　申請者メニューへ戻る

その後、画面下部の『次へ』を選択すると、図表 4-14 の画面になります。この画面中の『参照』を選択し、『G マーク認定証の写し（安全性優良事業所認定証）』を添付します。

図表 4-14　添付資料の指定画面

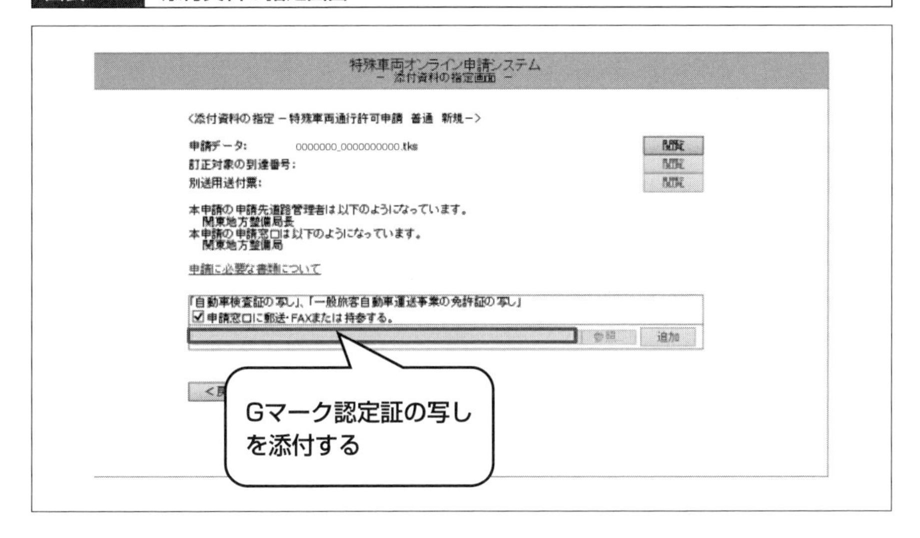

その後は通常の申請と同様に申請書を提出してください。

4　特殊車両確認制度

令和 2 年 5 月 27 日に公布された「道路法等の一部を改正する法律」により、特殊車両の通行に関する新たな制度が創設され、令和 4 年 4 月 1 日より施行されました。この制度は通称『特殊車両通行確認制度』と呼ばれています。この『特殊車両通行確認制度』は『特殊車両通行許可制度』に代わるものではなく、2 つの精度が並行するものであるという点をまず押さえておきましょう。2 つの制度が並行する理由は後述する『特殊車両通行確認制度』のメリット・デメリットにも関連しています。ここからは『特殊車両通行許可制度』と『特殊車両通行確認制度』の相違点をまとめたうえで、『特殊車両通行確認制度』のメリット・デメリットについて解説していきます。

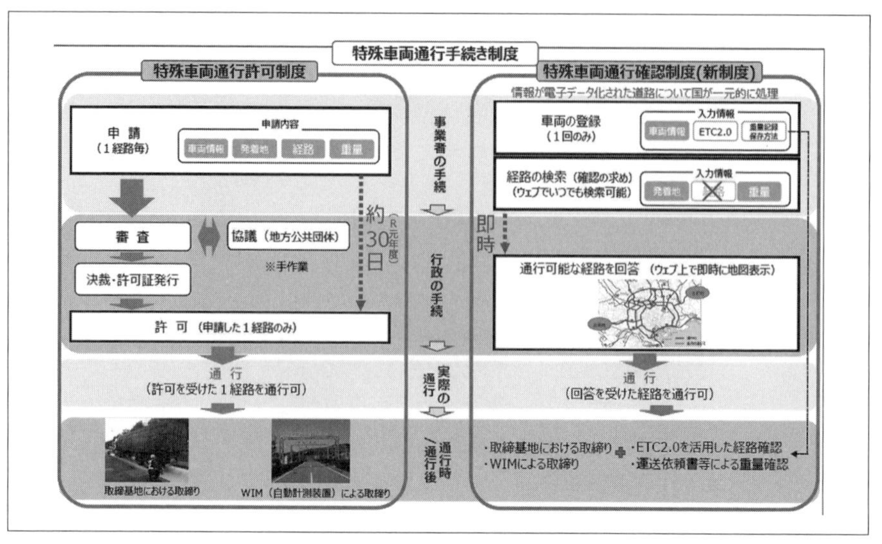

(国土交通省　資料)

(1)特殊車両通行許可制度と特殊車両通行確認制度の相違点

① 制度

『特殊車両通行許可制度』は読んで字のごとく、『許可制度』であるため申請から許可証の取得までに期間を要していました。具体的には提出された申請書を行政機関が審査して、通行の可否を判断する時間に当該期間が充てられています。一方、『特殊車両通行確認制度』はあくまでも『確認制度』です。申請された車両と経路の組み合わせに対して、システム上の算定で通行が可能である場合に通行を認めるということになります。したがって、そもそもシステム上の算定のみで通行の可否が判断できない経路に関しては、『特殊車両通行確認制度』の対象にはならないので申請することができません。システム上の算定のみで通行が可能であると判断できる場合、申請者は即時に通行が可能である旨の回答書を取得することができ、実際の通行が可能になります。

② 経路の作成

『特殊車両通行許可制度』ではデジタル地図・交差点番号入力等で申請者自らが経路を作成する必要がありました。しかし『特殊車両通行確認制度』

においては、出発地・目的地・経由地等の交差点番号を指定すれば自動で経路が検索されます。経路作成の手間が大幅に削減されています。しかし、逆に考えれば自動で経路が検索されますので、自動検索に任せておくと希望通りの経路を作成することができません。ただ、『特殊車両通行確認制度』では複数経路の検索、回答が可能になりますので迂回路の利用に関しては利便性が向上したと評価することができます。経路の検索方法については次の2つがあります。

ⓐ 2地点双方向2経路検索

2地点間の主要経路及び代替経路（渡り線・双方向）を同時に確認します。

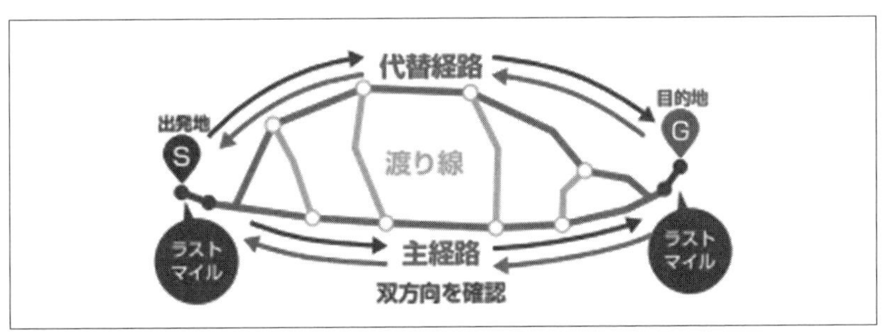

（国土交通省・全日本トラック協会『特殊車両通行確認制度広報資料』）

ⓑ 都道府県検索

都道府県内の主要道路すべてを一括して検索・確認をします。

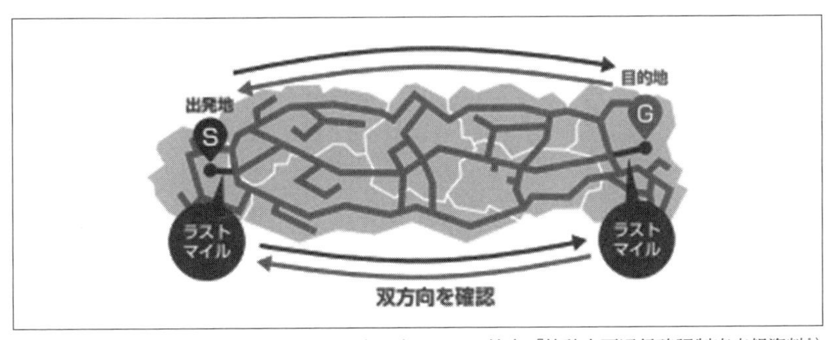

（国土交通省・全日本トラック協会『特殊車両通行確認制度広報資料』）

③　手数料

ⓐ　特殊車両通行許可制度

申請手数料：トラクタ・トラックの台数×経路数×￥200（一部￥160）

ⓑ　特殊車両通行確認制度

・登録手数料：トラクタ・トラックの台数×￥5,000（5年間有効）

・通行可能経路確認手数料：

■2地点双方向2経路検索：トラクタ・トラックの台数×￥600（1年間有効）

■都道府県検索：トラクタ・トラックの台数×￥400（1年間有効）

※連接する都道府県を同時に確認する場合5県目から￥300/県、15県目から￥200/県

上記のように『特殊車両通行確認制度』の場合、通行可能経路確認手数料の他に別途『登録手数料』が発生します。トータルで考えれば『特殊車両通行確認制度』は『特殊車両通行許可制度』に比べて手数料負担が増したと評価することができます。

④　通行可能期間

ⓐ　特殊車両通行許可制度

基本的に2年間

※超重量・超寸法に関しては1年間

※ETC2.0車載機、Gマーク取得営業所所属、過去2年間に違反履歴がない等の条件に合致している場合は4年間

ⓑ　特殊車両通行確認制度

一律1年間

⑤　支払い方法

『特殊車両通行許可制度』では申請後に納付書（Pay-easyも利用可能）が申請者住所に届き、郵便局等で手数料を納めます。一方、『特殊車両通行確認制度』では基本的にはオンライン決済（クレジットカード決済）になります。ただし、20,000円を超える手数料に関しては、納付書（Pay-easyも利用可能）の利用が可能です。

ここまで『特殊車両通行許可制度』と『特殊車両通行確認制度』の相違点について解説してきました。これらを踏まえて『特殊車両通行確認制度』のメリット・デメリットを解説します。このメリット・デメリットとは『特殊車両通行許可制度』と比較した際のメリット・デメリットです。それぞれの制度の特徴を掴んだうえで、お客様に対して最適な提案ができるようにしましょう。

（２）特殊車両通行許可制度のメリット・デメリット

① メリット

ⓐ 即時通行が可能

『特殊車両通行許可制度』では申請がなされた後、通行の可否について道路管理者にて審査が行われるという流れでした。『特殊車両通行確認制度』ではオンライン上で通行経路の確認が行われ、即時に通行可能になります。したがって、通行可能になるまでの期間は許可制度と比べて、格段に早くなりました。

ⓑ 経路入力が不要

『特殊車両通行許可制度』では出発地～目的地までの経路作成が必要でしたが、『特殊車両通行確認制度』では出発地情報、目的地情報、経由地情報を入力するだけで、簡単に経路を検索することができます。したがって、経路を検討して作成する必要がないので経路作成が簡単になりました。

ⓒ 複数経路を同時に取得可能

『特殊車両通行許可制度』では申請する通行経路１つのみが審査の対象でした（※特車ゴールドは除く）。しかし、『特殊車両通行確認制度』では渡り線や代替経路を含めた経路の選択が可能になりました。迂回路も併せて取得したい場合に大変便利です。

② デメリット

ⓐ 経路の柔軟性に欠ける

『特殊車両通行確認制度』において確認対象となる道路は主要道路（大型車誘導区間＋重要物流道路）のみです。したがって、未収録路線や主要道路に含まれない市道、県道等は対象になりません。未収録路線を含む経路も一括してオンライン申請できる『特殊車両通行許可申請』と比べると不便な点です。また、経路は主要道路に沿って自動検索が行われるため、希望通りの経路で確認がとれるとも限りません。経由地点の交差点番号を詳細に指定すれば希望に近い形の経路を作成することができますが、経路入力が不要というメリットを享受できません。

ⓑ コストが増える

『特殊車両通行確認制度』では、『特殊車両通行許可制度』には存在しなかった登録手数料（トラック・トラクタ１台当たり¥5,000）が別途発生します。また、経路ごとに発生する費用（2地点双方向２経路検索や都道府県検索の２種類）についても、『特殊車両通行許可制度』と比べて代替経路等が検索できる利点がある一方、従来よりもコストが高くなります。もし、迂回路等の取得を目的とするならば、特車ゴールド制度を活用し、従来通りの安い手数料で申請することをお勧めします。また、通行期間についても『特殊車両通行許可制度』については基本的に２年、『特殊車両通行確認制度』については一律１年なので、定期的に使用する経路等の更新頻度が増し、さらにコスト増となる可能性があります。

図表 4-15　各制度の比較

現行制度

特車許可制度

（コスト）
1 台 1 経路　¥200（2 年間有効）

（経路の柔軟性）
1 経路ずつ申請
通行予定の経路について、未収録路線を含めて申請を行う。

（許可までの早さ）
申請から許可までの期間
未収録・個別審査なし　⇒約 1 週間
未収録・個別審査あり　⇒約 2 週間〜2 か月

特車ゴールド制度

（コスト）
1 台 1 経路　¥200（2 年間有効）

弊所評価は◎！
通常の経路申請に加え、大型車誘導区間の算定まで行うので、お得感あり。

（経路の柔軟性）
申請経路＋大型車誘導区間
通行予定の経路を申請し、迂回路として大型車誘導区間も同時に算定され、許可を取得できる。
※申請経路に個別審査および未収録路線が含まれていれば算定される。

申請経路に加え、大型車誘導区間の迂回路が示されるため、利便性は高い。

（許可までの早さ）
申請から許可までの期間
未収録・個別審査なし　⇒約 1 週間
未収録・個別審査あり　⇒約 2 週間〜2 か月

新制度

特車確認制度

（コスト）
1 台 1 経路　¥400〜（1 年間有効）
※都道府県を限定しない場合は¥600
※都道府県を 1 つに限定すれば¥400

通常の特車申請制度（1 経路）と比べれば、主経路、代替経路及び渡り線複数を算定してもらえるが、コストは 2 倍以上。また、別途車両の登録料がかかるので、コスト増に。

別途車両の登録費として、¥5,000／1 台（5 年間有効）

（経路の柔軟性）
主経路 1 本と代替経路 1 本＋渡り線複数

算定対象となる経路は主要道路（重要物流道路＋大型車誘導区間）のみ。ただし、出発地〜主要道路まで、主要道路〜目的地までのラストワンマイルの経路は算定し、許可を取得することができる。
※主経路 1 本、代替経路 1 本、渡り線複数（主要道路に限る）＋出発地〜主要道路及び主要道路〜目的地までのラストワンマイルの経路では大きな遠回り経路が算定される可能性がある。

（許可までの早さ）
申請後即時に通行可能となる。

即時に許可を取得できるため、許可取得期間の大幅な削減が可能に。

（弊所作成）

第４章のまとめ

特殊車両通行許可申請に携わる際に大切なポイントは改定される制度に遅れずに追いついていくことです。特殊車両通行許可申請に関して言えば、他の申請よりも改定頻度は高いです。常に特殊車両通行許可オンライン申請の『重要なお知らせ』をチェックしておくほうがよいでしょう。また、単にチェックするだけでなく、その向こうにお客様の存在を常に意識しましょう。その改定が行われることによって、申請業務に影響があるお客様、全く影響がないお客様など様々です。常にお客様を意識することで、改定があった段階で必要なお客様に情報提供ができます。

行政書士は一部では代書屋と言われています。この代書屋の意味は、お客様自身でも作成できる書類を行政書士が『書くこと』のみを代行しているという皮肉の意味合いが込められていると考えています。代書屋になることなく、お客様に喜んでいただける行政書士になるためには最新の情報にしっかりとアンテナを張り、お客様に自信を持って提案できる力が必要です。是非、お客様に喜ばれる専門家としての行政書士を目指してください。

（佐久間）

第5章
申請における車種別注意点

特殊車両通行許可申請における特殊車両には様々な種類があります。特殊車両通行許可申請で特に難しいといわれていることが、車種によって申請時に考慮しなくてはいけない事項が異なるという点です。本章で特に取り上げるのは、自動車運搬用セミトレーラ（いわゆるキャリアカー）、海上コンテナ用セミトレーラ、ポールトレーラです。これらの車種は通常の申請知識に加え、申請上の専門知識、運用上の専門知識が必要となります。それぞれの車種における専門知識を蓄えることによって、様々なお客様に対応できるようにしましょう。

1　自動車運搬用セミトレーラ（いわゆるキャリアカー）

自動車運搬用セミトレーラの申請に携わる際に必要な知識は実際の運用に関する知識です。一言で言ってしまえば、特車申請制度と実際の運用とでは大きな乖離があります。自動車運搬用セミトレーラを使用する運送事業者の状況を十分理解したうえで、制度と照らし合わせ、アドバイスができるようになりましょう。

（1）自動車運搬用セミトレーラとは

自動車運搬用セミトレーラは読んで字のごとく、乗用車などの車両を運搬する際に使用されます（図表5-1）。自動車運搬用セミトレーラは経路に特徴があります。具体的には自動車メーカーの工場から港へ、中古自動車販売店から自動車オークション会場へなどです。多くの場合は定期経路となって、特殊車両通行許可申請の場合でも頻繁に経路が追加されることはありません。

図表 5-1　自動車運搬用セミトレーラ

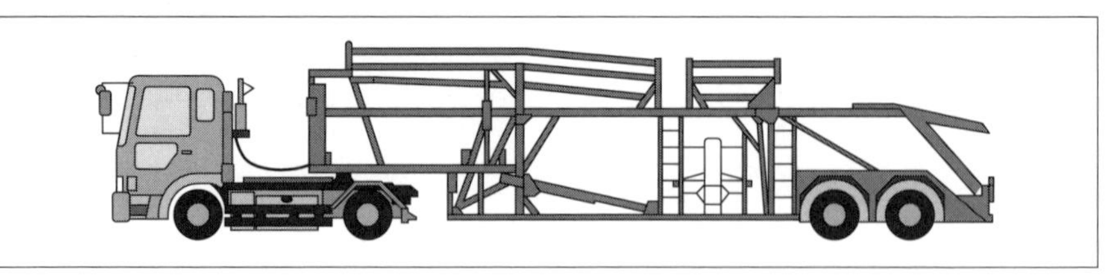

（国土交通省関東地方整備局ホームページより）

自動車運搬車両としては、小さなものだと1台積み、フルトレーラのような大型なものですと8台積みのものまであります。もちろん積載貨物となる自動車はそれぞれ1台ずつに分割が可能なため、原則からすれば特殊車両通行許可の対象とはならないものの、特例5車種としてバラ積みが認められています。

（2）自動車運搬用セミトレーラの長さについて

自動車運搬用セミトレーラの申請の際には長さに気を付ける必要があります。たいていの場合17mを超え、18m近くになるものもあります。全長が大きくなる理由としては、積載貨物である自動車を後ろにはみ出た状態で運行をするものが多いからです。これまでは積載した状態で17mを超える車両に関しては許可を取得することができませんでした。実際の運用としては自動車運搬用セミトレーラの全長ははみ出し部分も含め、17m超が大半にもかかわらずです。この制度と実際の運用との乖離を解消するために平成31年1月にキャリアカーの全長に関して以下のような改正がありました。

《平成31年1月　自動車運搬用セミトレーラにおける全長の基準》

①　はみ出した状態における全長が18m以下

②　リアオーバーハングと車両長の関係

2.4m以上3.8m未満は最大18m

1.9m以上2.4m未満は最大17.5m

③　車体からのはみ出しの長さが1.0m以下

最大で18mまでの許可が認められることによって、制度が実際の運用に追いついてきました。しかし、実際の運用面では18mでも不十分です。18.5mほどの全長になる運用も多々耳に入ります。制度をさらに磨いていく余地がまだあるというのが感想です。

2　ポールトレーラ

ポールトレーラの申請に携わる際に必要な知識は申請上の専門知識です。私の経験上ですが、ポールトレーラは他のセミトレーラに比べて保有している運送事業者は少ないように思われます。ポールトレーラの申請依頼が来たとしてもしっかりと対応できるようにしましょう。

(1) ポールトレーラとは

ポールトレーラとは長寸の分割不可能な貨物を運搬する際に使用されます(図表5-2)。特徴としては積載する貨物の全長に応じて車両の軸間距離（ホイールベース）を調整することができます。軸間距離を調節することで、最小回転半径も変わってきますので、小回りが利くようになります。

ポールトレーラの申請で気を付けなくてはいけないことは超寸法車両の申請です。いわゆる超寸法車両とは、国土交通省の特殊車両通行許可限度要領で定められた寸法や重量の範囲を超えた車両のことです。超寸法車両となると全ての交差点で個別審査が発生します。また、車両諸元入力の際も注意が必要です。単に車検証の情報を入力するだけでは対応できません。以下、解説していきますのでしっかりと理解してください。

図表5-2　ポールトレーラ

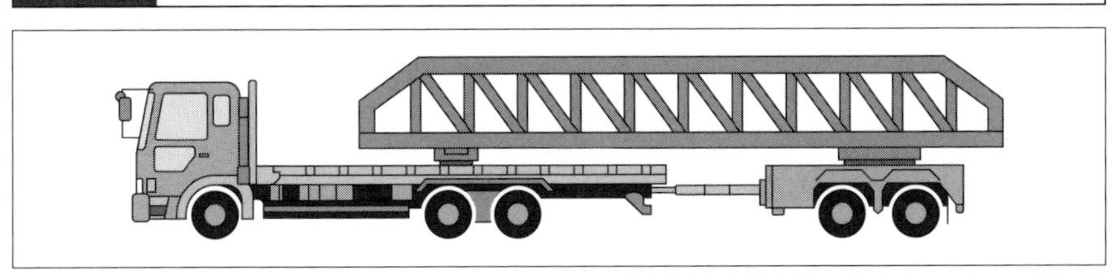

（国土交通省関東地方整備局ホームページより）

（２）ポールトレーラの超寸法車両の申請について

超寸法車両の申請の場合、全ての交差点において個別審査が発生してしまいます。個別審査が発生すると、実際に協議を行うまで通行できるか否かはわからないというのが実情です。しかし、許可への確実性は上げておきたいところ。ひと手間かけて確実性を上げることができます。まず、一通り申請書を作成し、作成予約後に算定書をダウンロードし、確認します。算定書の『個別協議箇所一覧』にて個別協議が発生してしまうところ、そして当該交差点を管理している道路管理者が表示されます。

許可への確実性を上げるためのひと手間とは、この道路管理者に直接電話して通行の可否を相談するものです。その際に、諸元を伝え、算定書をFAXすれば事前の相談に応じてもらえるところもありますが、実際に申請をしているわけではないので確答はもらえません。過去の通行実績等を聞いて、判断しましょう。また、事前相談に応じてもらえるところがある一方で、事前相談には全く応じないところもあります。そのような道路管理者にあたってしまった場合は実際申請をしてみるまで許可が下りるか、否かはわかりません。その場合は、申請を行うか否かを再度お客様と相談しましょう。

（３）ポールトレーラの諸元入力（自重）について

ポールトレーラの諸元入力は少し特殊です。まずはトラクタの自重入力の際の注意点です。図表5-3はポールトレーラ用トラクタの車検証です。

図表5-3 ポールトレーラ用トラクタの車検証

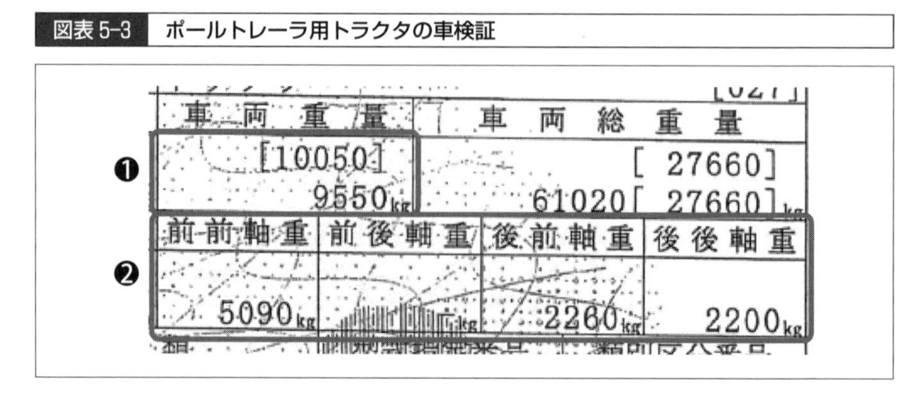

❶の車両重量をみると、上段に［10050］、下段に9550kgとあります。ど

ちらの重量を入力すべきか迷うところです。❷の軸重を見てみましょう。3つの軸重を足すと、9550kgとなります。特車システム上、トラクタの全ての軸重を足したものと自重が等しくなければ入力エラーと解されてしまいます。したがって、カッコがついていない9550kgを車両諸元入力画面に入力しましょう。それでは上段の［10050］とはどんな重量なのでしょうか。答えは車両自重にポルスタ（ポールトレーラ用連結土台）（図表5-4）を加えた重量です。このポルスタはおおよそ500kg～700kgです。トラクタの自重を入力する際には除外します。

では、ポルスタの重量（今回の件では500kg）はどこに消えてしまうのでしょうか。実際にはポルスタを備えて走行するため、重量が消えてしまうことはありません。ポルスタの重さに関しては、トレーラの自重に追加します。こうすることで、作成した申請書中の重量と実際運行する際の重量が合致します。なお、包括申請する際には注意が必要です。ポルスタは通常500kg～700kgですが、ポルスタの重量がそれぞれの車両で異なる場合、包括申請する場合にトラクタの中で一番重いポルスタ重量を全てのトレーラに加えます。そうすることで申請書作成の際に合成値が正しく表示されることになります。

図表5-4　ポルスタ

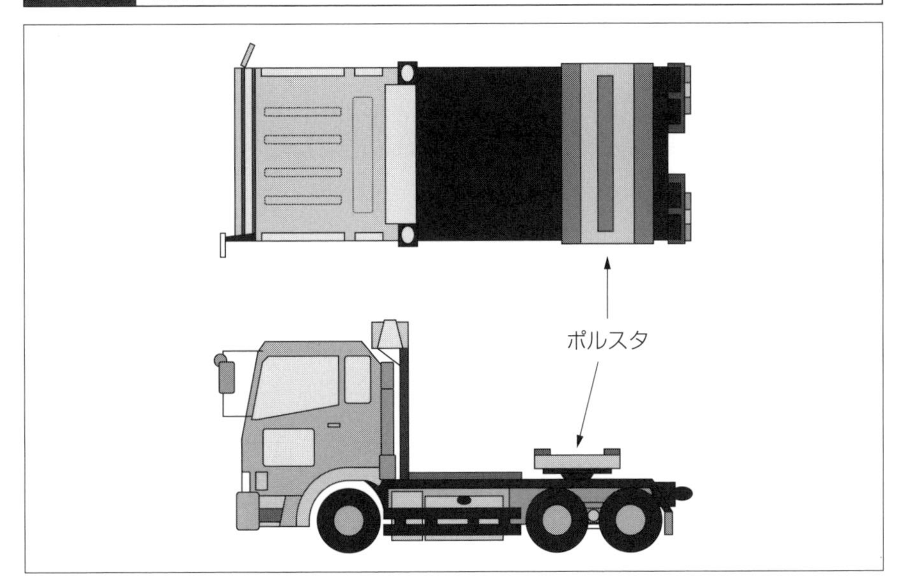

（4）ポールトレーラの諸元入力（長さ・L 値）について

ポールトレーラは積載貨物の全長によって、L 値が変化します。

図表 5-5　L 値の変化

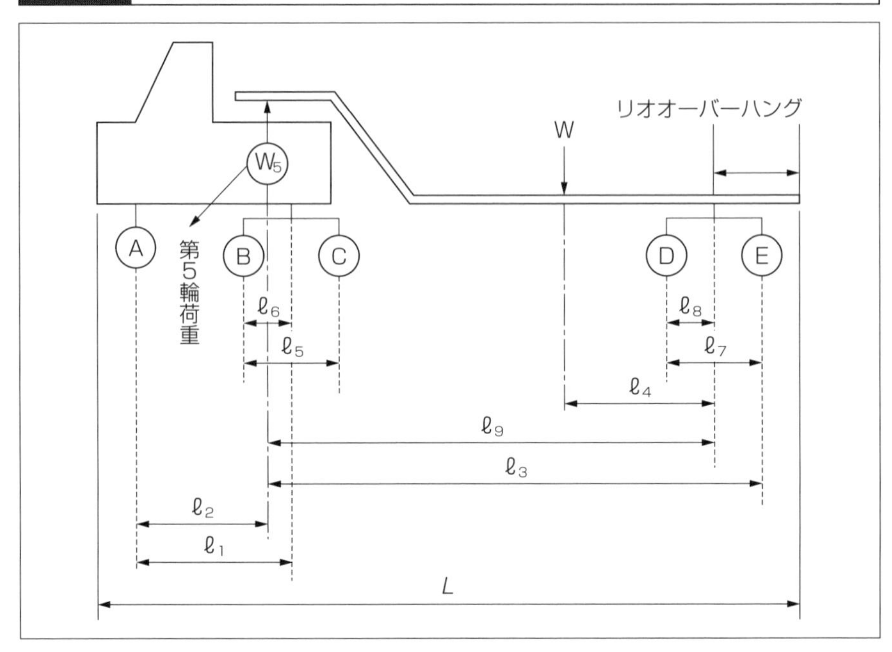

例えば、2 軸ポールトレーラの例で考えてみましょう。トレーラの L 値は L3、L4、L7、L8、L9 です。まず、L7、L8 はトレーラの軸間距離ですので、積載物によって変化しません。変化するのは、L3、L4、L9 です。図表 5-6 は積載貨物の長さが 8m の場合、15m の場合の荷姿図です。

図表5-6　荷姿図

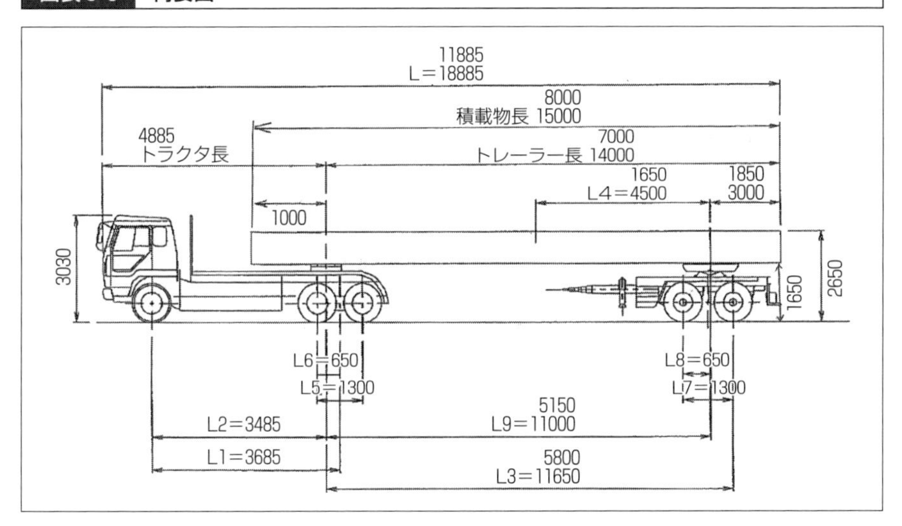

このように積載物の長さによって諸元も変えていかなくてはならないので、注意が必要です。ただし、この数値はあくまでも参考値なので、8m の積載物、15m の積載物を積載したからといって、必ずこの数値になるわけではありません。

第５章のまとめ

この章では特に注意が必要な２車種について取り上げました。専門知識が必要になる車種になりますので、本書を読み込んでしっかりと身につけましょう。本章では車種別申請方法の違いについて、解説しましたが、業務を行っていくうちにお客様が抱える車種別の悩みも見えてきます。例えば、キャリアカーに関しては許可制度と実態が乖離しているために高速道路上での取り締まり件数は多くなってしまいます。点数の累積によって、組合を脱退しなくてはいけないお客様も数多く見てきました。もう少し早く弊所に相談していただければ、お役に立てたかもしれないと考えると悔やまれます。

特車申請専門行政書士の仕事はもちろん、お客様の期待に添う許可を取得することですが、そのお客様の期待のとらえ方は行政書士によって異なります。よりお客様の期待を正確にとらえるためにもよく話を聞き、よく提案するようにしましょう。

（佐久間）

第6章
特車許可違反をした場合のペナルティ

ここでは特殊車両通行許可違反をした場合のペナルティを解説していきます。復習になりますが、特殊車両通行許可は道路の構造を守り、円滑な交通を実現するための制度です。このことを理解し、法令順守を徹底している事業者が全てではありません。非常に残念なことです。より確実に本制度を遵守してもらうために、特殊車両通行許可違反をした事業者に対してのペナルティが多数あります。このペナルティは事業者が運送業を営む際に大きな足枷となりうるものです。しっかりと理解し、健全な事業を営み、業界の適正化に努めなければなりません。

1　特車違反をした場合のペナルティ

特車違反をした場合のペナルティとして次のものが挙げられます。

1．罰金（道路法第103条第5項～第6項、同法第104条第1項～第3項、同法第105条）
2．懲役（道路法第103条第5項～第6項）
3．大口・多頻度割引停止措置等（高速道路会社）
4．措置命令の履行（道路法第47条の14）

以下、取締主体ごとに詳細を解説していきます。

2　国道事務所による取締り

まず、特殊車両通行許可申請先でもある国道事務所が取締りを行う場合を解説します。国道事務所は地方整備局内の機関であり、地方整備局はもちろん国土交通省の機関です。行政側がどのような場所で、どのような取締りを実施し、どのような措置・処分を行うのかを理解しましょう。

（1）取締場所

国が管理する直轄国道上の①指導取締基地や②車両重量自動計測装置によって、特殊車両通行許可違反が発覚します。

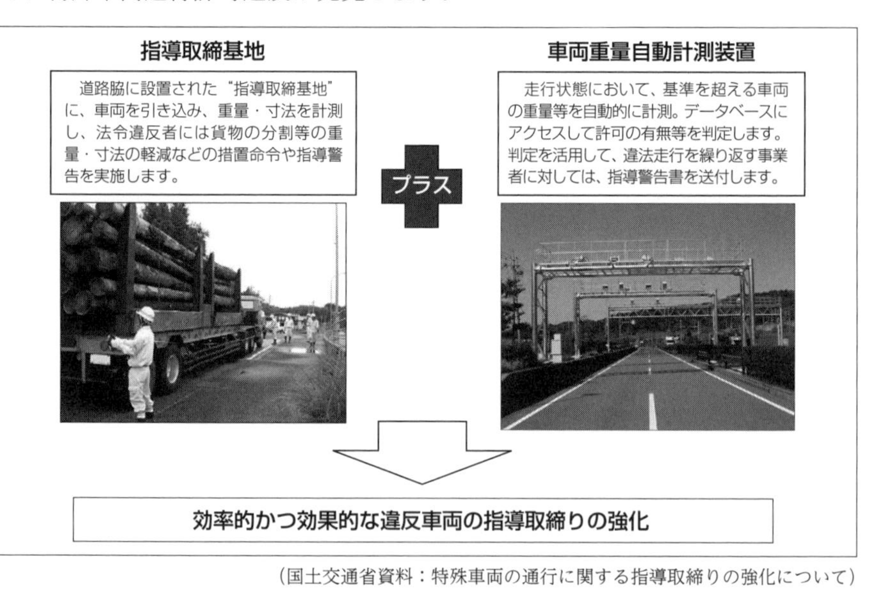

（国土交通省資料：特殊車両の通行に関する指導取締りの強化について）

① 指導取締基地

道路監理員が直接対応します。違反の内容によって、警告書、措置命令書の交付、軽減措置等の実施がなされます。ちなみに、道路監理員とともに警察官が同時に取り締まっている場合が多くあります。これは道路監理員には車両停止権限がないため、車両停止権限を有する警察の協力を得ているからです。

②　車両重量自動計測装置

道路監理員が直接対応することはありません。したがって、その場で警告等を受けたり、措置命令書等を受けたりするのではなく、後日、車両の使用者である運送事業者へ警告書等が送られます。車両重量自動計測装置で計測したデータと特殊車両通行許可内容のデータベースとをオンラインで照合することが可能となり、車両重量自動計測装置の活躍の場が増えました。警告書等に対して、繰り返し違反を行う運送事業者は呼び出しの行政指導が行われます。

（２）違反の種類

①　無許可

ここでは許可証を取得していない、あるいは許可証を取得しているが、許可証内容面で無許可とみなされる場合を解説します。

ⓐ　許可なし

特殊車両通行許可を取得せずに運行した場合の違反です。許可は取得しているが、許可期間が切れてしまい、更新していなかった場合も同様に無許可として扱われます。更新忘れの事業者は、そもそも許可を取得していない事業者と同様に扱われるので、更新申請は忘れずに行う必要があります。また、車両を多く抱える運送事業者は車番に注意しなくてはなりません。例えば、営業所間で車両を移動した場合には車番も変更されます。旧営業所の車番では許可を受けていたが、新営業所の車番では許可を受けていない場合は同一の車両であったとしても無許可の扱いになります。このような違反を受けている事業者は多くあると思います。車番が変更される場合には、車番変更申請も併せて必ず行いましょう。

ⓑ　車両諸元違反

一応有効な許可を取得しているが、許可が与えられている諸元（幅・全長・高さ・総重量など）を超過している場合です。注目すべきポイントは、許可されている車両諸元と実際の車両諸元を比べ、超過している程度でペナルティの軽重が異なるわけではないことです。

Ⓒ 通行経路違反

一応有効な許可を取得しているが、許可経路以外の経路を運行していた場合です。もちろん、他の経路で許可を取得していても、取締りが行われた経路にて許可を取得していなければ無許可として扱われます。

② 許可証不携行

有効な特殊車両通行許可を取得しているが、許可証を車内に備え付けていなく、取締時に提示できなかった場合の違反です。特殊車両通行許可を取得した場合は、車内にて備え付けていなければなりません。これを忘れてしまうと携行違反となってしまいます。また、許可証を備え付けていたとしても、取締時に有効な許可証を提示できなければ、これも同様の扱いになってしまいます。道路法第104条ではともに『100万円以下の罰金』となってしまいます。

元々許可証不携行は無許可と同じ扱いでしたが、最近では道路監理員が所持する機器によって、当該車番から許可証の確認ができるようになり、無許可と許可証不携行の扱いが異なりました。許可証不携行の場合は後に解説する警告書の対象になります。

関連した内容で、お客様からこんなご質問を受けたことがあります。

「車内に許可証は確実に備え付けているが、様々な許可証とごっちゃになってしまって許可証を探すのに時間がかかってしまいそうだ。道路監理員の方に携帯している許可証をとりあえず全部出してもよいか。」

結論から申し上げると、それはアウトです。有効な許可証を携行し、なおかつ提示するまでが運転手の義務です。いくら車内に許可証を携行していたとはいえ、取締時に提示できなければ不携行と同じ扱いになってしまいます。ただ、道路監理員が一緒になって探してくれたという事例も聞いたことがあります。実際のところは道路監理員によって対応が異なることもあるでしょう。しかし、本来であるならば、許可証を提示するまでが義務なので、しっかりと許可証を管理し、取締時に提示できることが求められます。書面で許可証を携行する場合にはしっかりと管理・整理しておきましょう。

2019年４月１日にタブレット（8インチ以上推奨）でも許可証の携行が可能となりました。書面で管理することは煩雑なので、この制度を大いに利用し、タブレットを用いた許可証提示の準備をすることも考慮しましょう。

③　通行条件違反

特殊車両通行許可では、道路管理者が必要な条件を付して許可する場合が多くあります。例えば、誘導車の配置義務や夜間通行などです。これらの条件に違反する運行は認められていないため、無許可と同じ扱いとなります。特に誘導車の配置義務は多くの許可証に付されている条件だと思います。Ｃ条件やＤ条件などの条件が付されている区間についてはしっかりと誘導車を確保し、運行しなければいけないと運送事業者の方には伝えなくてはいけません。

④　措置命令違反

特殊車両通行許可違反が発覚した場合に措置命令を発出されます。例えば、積荷の軽減措置命令です。許可限度内の総重量に収まるように、その場で積荷の軽減措置を求められます。具体的には、当該運送事業者からクレーンとトレーラを派遣してもらい、その場で積荷の一部を他のトレーラへクレーンで移動させるような軽減措置です。このような措置命令に従わない場合が措置命令違反に該当します。上記のような措置をすれば、積荷の到着時刻が大幅に遅れるだけでなく、クレーンやトレーラを確保するのに大きなコストが生じてしまいます。措置命令違反にならないのは勿論ですが、そもそも措置命令を発出される事態を防ぎたいものです。

（３）警告・措置命令

特殊車両通行許可違反が発覚した場合、警告書や措置命令書が発出されます。それぞれの詳細について解説します。なお、警告書や措置命令書の発出基準は図表 6-1 のとおりです。

図表 6-1　警告書や措置命令書の発出基準

	制限値		許可有無	警告	措置命令（徐行等）	措置命令（軽減・通行中止）
幅	2.5m		無許可車両	2.5m 超過 3.0m 以下	3.0m 超過 3.25m 以下	3.25m 超過
			許可車両	許可幅超過 3.0m 以下	許可幅超過 かつ 3.0m 超過 3.25m 以下	許可幅超過 かつ 3.25m 超過
高さ	3.8m [4.1m]		無許可車両	3.8m 超過 4.1m 以下 [4.1m 超過 4.3m 以下]	4.1m 超過 4.3m 以下 [4.3m 超過 4.5m 以下]	4.3m 超過 [4.5m 超過]
			許可車両	許可高さ超過 4.1m 以下 [許可高さ超過 4.3m 以下]	許可高さ超過 かつ 4.1m 超過 4.3m 以下 [許可高さ超過 かつ 4.3m 超過 4.5m 以下]	許可高さ超過 かつ 4.3m 超過 [許可高さ超過 かつ 4.5m 超過]
長さ	12m		無許可車両	12m 超過		
			許可車両	許可長さ超過		
総重量	20t [25t]	単車	無許可車両	20t 超過 30t 以下 [25t（※車両の通行の許可の手続等を定める省令第 1 条の表中に掲げる値）超過 30t 以下]	—	30t 超過
			許可車両	許可総重量超過 30t 以下 [許可総重量超過かつ 25t（※車両の通行の許可の手続等を定める省令第 1 条の表中に掲げる値）超過 30t 以下]	—	許可総重量超過 かつ 30t 超過
		連結車 (2軸牽引車)	無許可車両	20t 超過 36t 以下 [25t（※車両の通行の許可の手続等を定める省令第 1 条の 2 の表中に掲げる値）超過 36t 以下]	36t 超過 37t 以下	37t 超過
			許可車両	許可総重量超過 36t 以下 [許可総重量超過かつ 25t（※車両の通行の許可の手続等を定める省令第 1 条の 2 の表中に掲げる値）超過 36t 以下]	許可総重量超過 かつ 36t 超過 37t 以下	許可総重量超過 かつ 37t 超過
		連結車 (3軸牽引車)	無許可車両	20t 超過 41t 以下 [25t（※車両の通行の許可の手続等を定める省令第 1 条の 2 の表中に掲げる値）超過 41t 以下]	41t 超過 42t 以下	42t 超過
			許可車両	許可総重量超過 41t 以下 [許可総重量超過かつ 25t（※車両の通行の許可の手続等を定める省令第 1 条の 2 の表中に掲げる値）超過 41t 以下]	許可総重量超過 かつ 41t 超過 42t 以下	許可総重量超過 かつ 42t 超過

※許可車両とは、細部通達第 1 の 3、4 に示す特殊車両で、当該車両に許可証を備え付けているものをいう。
※取締基地における取締りの実施後に通行を予定している道路上に当該車両の通行の障害となる箇所（橋梁・トンネル・狭小幅員等）があり、かつ、当該障害箇所に当該車両を通行させることを確認した場合は、その内容に関しても措置内容の決定に考慮するものとする。

（国土交通省：道路法第 47 条の 3 に係る行政処分等の発出基準について）

① 警告

違反の程度が軽微であり、措置命令処分を行う必要がないと認められる場合に警告を行うものです（図表6-2）。また、車両重量自動計測装置による取締りの場合は、計測結果とともに警告書が送付されます（図表6-3）。

図表6-2　警告書見本①

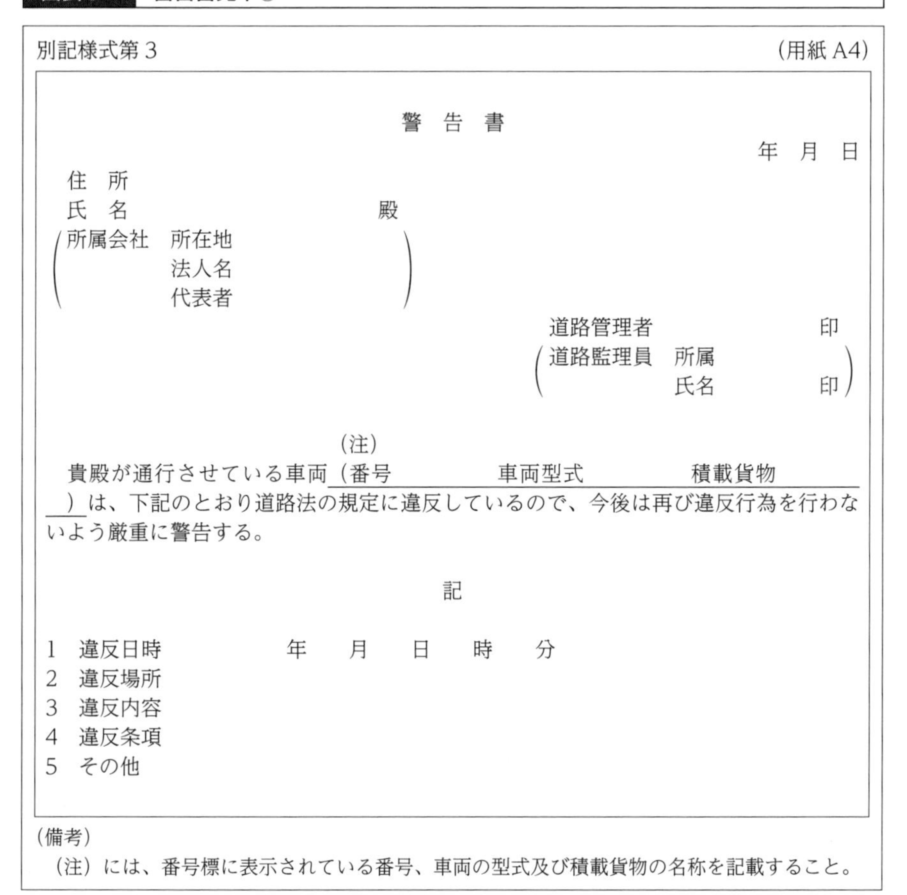

別記様式第3　（用紙A4）

警　告　書

年　月　日

住　所
氏　名　殿
（所属会社　所在地
法人名
代表者）

道路管理者　印
（道路監理員　所属
氏名　印）

貴殿が通行させている車両（注）（番号　車両型式　積載貨物　）は、下記のとおり道路法の規定に違反しているので、今後は再び違反行為を行わないよう厳重に警告する。

記

1　違反日時　年　月　日　時　分
2　違反場所
3　違反内容
4　違反条項
5　その他

（備考）
（注）には、番号標に表示されている番号、車両の型式及び積載貨物の名称を記載すること。

（国土交通省：道路法第47条の3に係る行政処分等の基準について）

図表 6-3　警告書見本②

別記様式第３の３　　　　　　　　　　　　　　　　　　　　　　　　　　　(用紙 A4)

警　告　書

第　　　　号
年　　月　　日

①　　　　　　　　　殿

道路管理者　　　　　印

貴殿が使用し、通行させている車両（番号　　　　　　　　外　　　　台）は、車両重量自動計測装置による計測の結果、下記のとおり道路法の規定に違反していることが確認されたので、今後は違反行為の再発防止のため、相当の注意及び監督を尽くすよう厳重に警告する。

記

1　違反日時、違反車両及び違反場所

　　別添一覧のとおり

2　違反内容

3　違反条項

4　その他

(備考)

1　①には、自動車検査証との照合によって得られた車両の使用者及び住所を記載すること。
2　違反ごとに違反日時、違反車両の車両番号、違反場所、車両重量自動計測装置による計測結果等を記載した、違反事実の一覧を添付すること。

(国土交通省：道路法第 47 条の 3 に係る行政処分等の基準について)

② 措置命令

警告以外の場合において、重量等の軽減が可能である場合においては当該措置を、分割等が不可能である場合においては必要に応じて通行の中止等の措置を命ずるものです。措置命令の内容としては、徐行等、軽減措置、通行中止などがあります。例えるならば、レッドカードです。警告では注意・指導だけに止まりましたが、措置命令では何らかの措置を実際に履行することが求められます（図表 6-4）。

図表6-4　措置命令書見本

別記様式第2　　　　　　　　　　　　　　　　　　　　　　　　　　　　（用紙A4）

措　置　命　令　書

年　月　日

住　所
氏　名　　　　　　　　　　　　　殿
（所属会社　所在地
　　　　　　名称
　　　　　　代表者　　　　　　　　）

道路管理者　　　　　　　　印
（道路監理員　所属
　　　　　　　氏名　　　　印）

貴殿が通行させている車両（番号①　　　　　車両型式　　　　　積載貨物　　　　　）は、下記のとおり道路法の規定に違反しているので、道路法②第　　　　条第　　　項の規定に基づき③　　　　　を講じ、履行後、③　　　　　の履行を証明する写真等の提出を命令する。

なお、この処分について不服があるときは、行政不服審査法の定めるところにより、本措置命令書を受け取つた日の翌日から起算して60日以内に④　　　　　に、審査請求又は異議申立てすることができる（なお、本書を受け取つた日の翌日から起算して60日以内であつても、処分の日から1年を経過すると審査請求又は異議申立てすることができなくなる。）。また、行政事件訴訟法の定めるところにより、本書を受け取つた日（当該処分につき、審査請求又は異議申立てした場合においては、それぞれ、これに対する裁決又は決定の送達を受けた日）の翌日から起算して6か月以内に、⑤　　　　　を被告として（訴訟において⑤　　　　　を代表とする者は⑥　　　　　となる。）、処分の取消しの訴えを提起することができる（なお、本書を受け取つた日又は裁決若しくは決定の送達を受けた日の翌日から起算して6か月以内であつても、処分の日又は裁決若しくは決定の日から1年を経過すると処分の取消しの訴えを提起することができなくなる。）。

記

1　違反日時　　　　年　　月　　日　　時　　分
2　違反場所
3　違反内容
4　違反条項
5　その他

（備考）
1　①には、番号標に表示されている番号、車両の型式及び積載貨物の名称を記載すること。
2　②には、措置命令の根拠条文を記載すること。
3　③には、措置命令の内容を記載すること。
4　④には、審査請求（異議申立て）をすることができる行政庁の名称を記載すること。
5　⑤には、処分の取消しの訴えを提起することができる被告の名称を記載すること。
6　⑥には、処分の取消しの訴えを提起した被告の代表する者を記載すること。

（国土交通省：道路法第47条の3に係る行政処分等の基準について）

（4）特殊車両通行許可の取消し

次の場合は特殊車両通行許可を取消しされる場合があります。以下は、昭和53年12月1日付け建設省道交発第96号の通達内容の一部です。具体的な書式は図表6–5です。

※『法』とは道路法を指す。

> 昭和53年12月1日付け建設省道交発第96号
>
> (1)　法47条の2第1項の許可に係る通行経路において法第47条第2項の規定に違反し、又は法47条の2第1項の規定により道路管理者が付した条件に違反して特殊車両を通行させ、人の死亡又は重傷に係る交通事故若しくは道路の損壊に係る重大な交通事故を発生させたとき。[同通達第4の3(1)]
>
> (2)　法47条の2第1項の許可に係る通行経路において法第47条第2項の規定に違反し、又は法47条の2第1項の規定により道路管理者が付した条件に違反して特殊車両を通行させている者に対する法第47条の3第1項の規定による道路管理者の命令に違反して特殊車両を通行させたとき。[同通達第4の3(2)]
>
> (3)　法47条の2第1項の許可に係る通行経路において法第47条第2項の規定に違反し、又は法47条の2第1項の規定により道路管理者が付した条件に違反して特殊車両を通行させたとき。[同通達第4の3(3)]

なお、許可を取り消された場合は速やかに許可証を返還しなくてはなりません。

図表 6-5　特殊車両通行許可取消通知書見本

別記様式第４　（用紙 A4）

特殊車両通行許可取消し通知書

第　　　号
年　　月　　日

殿

道路管理者　　　印

年　月　日付け第　号をもつて貴殿に対して行つた特殊車両通行許可は、下記の理由により取り消す。

なお、この処分について不服があるときは、行政不服審査法の定めるところにより、本通知書を受け取つた日の翌日から起算して60日以内に①＿＿＿＿＿に、審査請求又は異議申立てすることができる（なお、本書を受け取つた日の翌日から起算して60日以内であつても、処分の日から１年を経過すると審査請求又は異議申立てすることができなくなる。）。また、行政事件訴訟法の定めるところにより、本書を受け取つた日（当該処分につき、審査請求又は異議申立てした場合においては、それぞれ、これに対する裁決又は決定の送達を受けた日）の翌日から起算して６か月以内に、②＿＿＿＿＿を被告として（訴訟において②＿＿＿＿＿を代表とする者は③＿＿＿＿＿となる。）、処分の取消しの訴えを提起することができる（なお、本書を受け取つた日又は裁決若しくは決定の送達を受けた日の翌日から起算して６か月以内であつても、処分の日又は裁決若しくは決定の日から１年を経過すると処分の取消しの訴えを提起することができなくなる。）。

記

１　許可を取消した理由

２　その他

（備考）
１　①には、審査請求（異議申立て）をすることができる行政庁の名称を記載すること。
２　②には、処分の取消しの訴えを提起することができる被告の名称を記載すること。
３　③には、処分の取消しの訴えを提起した被告の代表する者を記載すること。

（国土交通省：道路法第 47 条の３に係る行政処分等の基準について）

（5）告発

次の場合は特殊車両通行許可違反を理由に告発される場合があります。以下は、昭和53年12月1日付け建設省道交発第96号の通達内容の一部です。具体的な書式は図表6–6です。

※『法』とは道路法を指す。

昭和53年12月1日付け建設省道交発第96号

(1)　法47条第2項の規定に違反し、又は法47条の2第1項の規定により道路管理者が付した条件に違反して特殊車両を通行させ、人の死亡又は重傷に係る交通事故若しくは道路の損壊に係る重大な交通事故を発生させたとき。[同通達第4の4(1)]

(2)　法47条第2項の規定に違反し、又は法47条の2第1項の規定により道路管理者が付した条件に違反して特殊車両を通行させている者に対する法第47条の3第1項の規定による道路管理者の命令に違反して特殊車両を通行させたとき。[同通達第4の4(2)]

(3)　常習的に法47条の2第1項の規定に違反し、又は法47条の2第1項の規定により道路管理者が付した条件に違反して特殊車両を通行させたとき。[同通達第4の4(3)]

図表 6-6　告発状見本

別記様式第6　(用紙 A4)

告　発　状

告 発 人　道路管理者　印
被告発人　住　所
氏　名
職　業　年齢
所属会社名
①
(被告発人　所在地
法人の名称
(代表者氏名))

被告発人　は、　年　月　日　時　分頃　県　市
町　地先②＿＿＿＿線を道路法③＿＿＿＿に違反して車両（番号④　車両型式
積載貨物　）を通行させていたものである。
かかる行為は、道路法第 102 条第 1 号に該当するものであるので告発する。
①
(被告発人　は、同（法）人の業務に関し、同（法）人の代表者又は同（法）人の代理人、使用人その他の従業者である上記被告発人が上記違反行為をしていることから、道路法第 105 条に該当するものとして、告発する。（なお、上記被告発人が上記違反行為をしているにもかかわらず、また、被告発人①　に対する再三の是正指導にもかかわらず、改善されず違反行為が繰り返し行われたものであり、当該違反行為を防止するため、当該業務に対し相当の注意及び監督を尽くさなかったものである。)

添付書類　1
⑤　2
3
年　月　日
県警察本部　警察署長
殿

（備考）
1　道路法第 47 条第 2 項又は同法第 47 条の 2 第 1 項の規定により道路管理者が付した条件に違反した車両にこの告発状を使用すること。
2　①は道路法第 105 条（いわゆる「両罰規定」）に該当する場合に記載すること。
3　②には、道路種別及び路線名を記載すること。
4　③には、違反条項を記載すること。
5　④には、番号標に表示されている番号、車両の型式及び積載貨物の名称を記載すること。
6　⑤には、違反を証する書面（措置命令書（写）、特殊車両取締調書（写）、特殊車両通行許可証（写）、是正指導書（写）、改善報告書（写）、写真等）を添付し、その資料の名称を記載すること。

（国土交通省：道路法第 47 条の 3 に係る行政処分等の基準について）

（6）道路法違反の罰則

上記では違反の種類に関して見てきました。では、実際にどのような違反に、どのような罰則が設けられているのかを見てみましょう。

① 100万円以下の罰金

- 一般的制限値違反・無許可（道路法104条第1項）
- 許可証不携帯（道路法第104条第2項）

② 6か月以下の懲役又は30万円以下の罰金

- 橋梁等の制限違反（道路法第103条第4項）
- 措置命令違反（道路法第103条第5項）

※ 道路法第107条には法人両罰規定があります。これは行為者を罰する他、その法人等に対して罰則を適用するものです。

（7）即時告発

何らかの特殊車両通行許可違反をした場合でも、上記のような罰金や懲役などの刑罰が運送事業者へ課されることは滅多にありません。刑罰の規定は予防的側面があり、罰金や懲役刑などの刑罰を規定することで特殊車両通行許可違反をしようとする事業者への抑止的効果が見込まれています。しかし、悪質な事業者に対しては『違反事実』をもって告発を行う『即時告発』という制度があります。悪質な事業者に対して猛省を促し、再発防止を行わせるためです。

即時告発の基準

① 無許可車両の場合

- 一般的制限値の2倍以上
  例えば、一般的制限値が20tの場合は… 20t×2＝**40t以上**

② 特殊車両通行許可を受けている車両の場合

- 一般的制限値の2倍＋（許可を受けた車両重量－一般的制限値）
  例えば、一般的制限値が20t、許可を受けた総重量が35tの場合は…

20t×2＝40t　←　一般的制限値の2倍

35t－20t＝15t　←　（許可を受けた車両重量－一般的制限値）

35t＋15t＝**50t 以上**

①と②を比べてみると、許可を受けた車両のほうが、即時告発の基準となる重量は大きくなります。特殊車両通行許可を取得しているか否かは悪質性の判断に大きく影響するということがわかります。ちなみに、②の例ではあくまでも総重量が違反であって、経路では許可が出ている場合です。いくら②の例のように35tまでの許可証を携行していたとしても、経路について許可外であれば、無許可として扱われるので、①の例となるでしょう。

3　NEXCOによる取締り

特殊車両通行許可の取締りは、許可権限を持つ国土交通省だけでなく、高速道路を管理しているNEXCOでも行っています。高速道路上の取締りの際に、運送事業者が一番気にかけていることは『大口多頻度割引制度』を有したETCコーポレートカードについてです。ETCコーポレートカードの『大口多頻度割引制度』を理解し、特殊車両通行許可違反がどのように影響するかを解説します。

（1）ETCコーポレートカードの『大口・多頻度割引制度』

運送事業者は、数社の運送事業者で構成される組合に加入しており、その組合では高速道路料金を支払うためのETCコーポレートカードが貸与されています。このETCコーポレートカードには『大口・多頻度割引制度』というものがあります。これは一般自動車よりも高額な大型車通行料金を多頻度に渡って利用する運送事業者には、高速道路利用料が大きく割引される制度です。以下、具体的な割引制度の解説です。

1．車両単位割引

契約者の自動車１台ごとの１ヶ月の高速国道のご利用額に対し、次の割引率を適用いたします。

【車両単位割引の割引率】

・5,000円を超え、10,000円までの部分

　　・割引率：10％（※20％）

・10,000円を超え、30,000円までの部分

　　・割引率：20％（※30％）

・30,000円を超える部分

　　・割引率：30％（※40％）

※（）内は、ETC2.0を使用する事業用車両（注）に限り適用される割引率です。（令和５年（2023年）３月末まで）

（注）　道路運送車両法（昭和26年法律第185号）第58条に定める自動車検査証において道路運送車両法施行規則（昭和26年運輸省令第74号）第35条の３第１項第13号について事業用と区別、又は道路運送車両法施行規則第63条の２に定める軽自動車届出済証において事業用と区別されているETC2.0搭載車両。

2．契約単位割引

契約者の1ヶ月の高速国道のご利用額の合計が500万円を超え、かつ、契約者の自動車１台当たりの１ヶ月の高速国道の平均利用額が３万円を超える場合には、契約者の1ヶ月の高速国道のご利用額の合計に対し、10％の割引を行います。

【契約単位割引の割引率】

・契約者の1ヶ月の高速道路の利用額合計が500万円を超え、かつ、契約者の自動車１台あたりの1ヶ月平均の利用額が３万円を超える場合

　・割引率：10％

※平日朝夕割引（ETCコーポレートカード）と大口・多頻度割引の重複適用はございません。

（平日朝夕割引（ETCコーポレートカード）の割引対象となる走行のう

ち、平日朝夕割引の割引対象となる地方部最大100km相当分は、大口・多頻度割引の割引対象外となります。）
※1ヶ月（1日から末日まで）の割引対象となる利用回数が4回以下の場合にも、地方部最大100km相当分は、大口・多頻度割引の割引対象外となりますのでご注意ください。

（NEXCO東日本ホームページ　ドラぷら）

このようにETCコーポレートカードを持つ運送事業者は『大口・多頻度割引』によって大きな恩恵を受けています。その恩恵は、月に数百万円単位のところや大手では年間億単位の恩恵を受けています。

（2）特殊車両通行許可違反が及ぼす大口・多頻度割引への影響

高速道路上で特殊車両通行許可違反が発覚し、累積点数が増加すると、大口多頻度割引制度において割引停止、利用停止などの措置があります。最近ではペナルティが厳格化される傾向にあります。

平成29年4月より

- 違反点数の累積期間が2年間に拡大
- 指導警告以上で必ず3点以上の違反点を加算
- 即時告発をもって、割引停止

点数基準（図表6-7、6-8）により、点数が加算されるわけですが、その点数によってペナルティが段階的に上がっていきます（図表6-9）。

注意すべきは、2点。1点目は違反点数は事業者ごとの累積であり、加入する組合を移動したとしても、点数は引き継いでしまうという点です。2点目は、違反点数は組合ごとに加算されてしまうという点です。つまり、累積点数30点で講習会などの指導を受けることになります。この時点で、組合から脱退するように勧告を受けることがあるかもしれません。

図表 6-7 点数基準①

点数基準表

1. 単車、セミトレーラ及びフルトレーラのうち特例車種以外のもの

(1) 総重量(t)

諸元				点数			
道路	最遠軸距(m)	車長(m)	車種	3点	5点	15点	30点
高速自動車国道・一般有料道路等(指定道路内)	~5.5未満	問わず	単車	20超~22	22超~30	30超~40未満	40~
			2軸牽引車	20超~22	22超~37	37超~40未満	40~
			3軸牽引車	20超~22	22超~40未満	—	40~
	5.5~7未満	~9未満	単車	20超~22	22超~30	30超~40未満	40~
			2軸牽引車	20超~22	22超~37	37超~40未満	40~
			3軸牽引車	20超~22	22超~40未満	—	40~
	5.5~7未満	9~	単車	22超~24.2	24.2超~30	30超~44未満	44~
			2軸牽引車	22超~24.2	24.2超~37	37超~44未満	44~
			3軸牽引車	22超~24.2	24.2超~42	42超~44未満	44~
	7~	~9未満	単車	20超~22	22超~30	30超~40未満	40~
			2軸牽引車	20超~22	22超~37	37超~40未満	40~
			3軸牽引車	20超~22	22超~40未満	—	40~
	7~	9~11未満	単車	22超~24.2	24.2超~30	30超~44未満	44~
			2軸牽引車	22超~24.2	24.2超~37	37超~44未満	44~
			3軸牽引車	22超~24.2	24.2超~42	42超~44未満	44~
	7~	11~	単車	25超~27.5	27.5超~30	30超~50未満	50~
			2軸牽引車	25超~27.5	27.5超~37	37超~50未満	50~
			3軸牽引車	25超~27.5	27.5超~42	42超~50未満	50~
一般有料道路等(指定道路外)	—	—	単車	20超~22	22超~30	30超~40未満	40~
			2軸牽引車	20超~22	22超~37	37超~40未満	40~
			3軸牽引車	20超~22	22超~40未満	—	40~

表中の「一般有料道路等」は、本四高速、首都高速、阪神高速を含みます。

(2) 軸重(t)

諸元	点数			
道路	3点	5点	15点	30点
全て	10超~15	—	15超~	—

(3) 高さ(m)

諸元	点数			
道路	3点	5点	15点	30点
指定道路内	4.1超~4.2	4.2超~4.5	4.5超~	—
指定道路外	3.8超~3.9	3.9超~4.3	4.3超~	—

(4) 幅(m)

諸元	点数			
道路	3点	5点	15点	30点
全て	2.5超~2.6	2.6超~3.25	3.25超~	—

(5) 長さ（m）

諸元			点数			
道路	はみ出し	車種	3 点	5 点	15 点	30 点
—	—	単車	12 超〜13	13 超〜	—	—
高速自動車国道	あり	セミトレーラ	12 超〜13	13 超〜	—	—
		フルトレーラ	12 超〜13	13 超〜	—	—
	なし	セミトレーラ	16.5 超〜17.5	17.5 超〜	—	—
		フルトレーラ	18 超〜19	19 超〜	—	—
一般有料道路等	—	—	12 超〜13	13 超〜	—	—

表中の「一般有料道路等」は、本四高速、首都高速、阪神高速を含みます。

（高速道路会社：車両制限令違反者に対する大口・多頻度割引停止措置等の見直しについて）

図表 6-8　点数基準②

2. セミトレーラ及びフルトレーラ（特例車種）
※特例車種とは、車両制限令第 3 条第 2 項に定めるセミトレーラ連結車及びフルトレーラ連結車が該当します。

(1) 総重量（t）

諸元				点数			
道路	最遠軸距（m）		車種	3 点	5 点	15 点	30 点
	以上	未満					
高速自動車国道	〜	8	2 軸牽引車	特例車種以外と同様			
			3 軸牽引車				
	8	9	2 軸牽引車	25 超〜27.5	27.5 超〜37	37 超〜50 未満	50〜
			3 軸牽引車	25 超〜27.5	27.5 超〜42	42 超〜50 未満	50〜
	9	10	2 軸牽引車	26 超〜28.6	28.6 超〜37	37 超〜52 未満	52〜
			3 軸牽引車	26 超〜28.6	28.6 超〜42	42 超〜52 未満	52〜
	10	11	2 軸牽引車	27 超〜29.7	29.7 超〜37	37 超〜54 未満	54〜
			3 軸牽引車	27 超〜29.7	29.7 超〜42	42 超〜54 未満	54〜
	11	12	2 軸牽引車	29 超〜31.9	31.9 超〜37	37 超〜58 未満	58〜
			3 軸牽引車	29 超〜31.9	31.9 超〜42	42 超〜58 未満	58〜
	12	13	2 軸牽引車	30 超〜33	33 超〜37	37 超〜60 未満	60〜
			3 軸牽引車	30 超〜33	33 超〜42	42 超〜60 未満	60〜
	13	14	2 軸牽引車	32 超〜35.2	35.2 超〜37	37 超〜64 未満	64〜
			3 軸牽引車	32 超〜35.2	35.2 超〜42	42 超〜64 未満	64〜
	14	15	2 軸牽引車	33 超〜36.3	36.3 超〜37	37 超〜66 未満	66〜
			3 軸牽引車	33 超〜36.3	36.3 超〜42	42 超〜66 未満	66〜
	15	15.5	2 軸牽引車	35 超〜37	—	37 超〜70 未満	70〜
			3 軸牽引車	35 超〜38.5	38.5 超〜42	42 超〜70 未満	70〜
	15.5	〜	2 軸牽引車	36 超〜37	—	37 超〜72 未満	72〜
			3 軸牽引車	36 超〜39.6	39.6 超〜42	42 超〜72 未満	72〜

諸元				点数			
道路	最遠軸距（m）		車種	3 点	5 点	15 点	30 点
	以上	未満					
一般有料道路等（指定道路内）	～	8	2 軸牽引車	特例車種以外と同様			
			3 軸牽引車				
	8	9	2 軸牽引車	25 超～27.5	27.5 超～37	37 超～50 未満	50～
			3 軸牽引車	25 超～27.5	27.5 超～42	42 超～50 未満	50～
	9	10	2 軸牽引車	26 超～28.6	28.6 超～37	37 超～52 未満	52～
			3 軸牽引車	26 超～28.6	28.6 超～42	42 超～52 未満	52～
	10	～	2 軸牽引車	27 超～29.7	29.7 超～37	37 超～54 未満	54～
			3 軸牽引車	27 超～29.7	29.7 超～42	42 超～54 未満	54～
一般有料道路等（指定道路外）	～	8	2 軸牽引車	特例車種以外と同様			
			3 軸牽引車				
	8	9	2 軸牽引車	24 超～26.4	26.4 超～37	37 超～48 未満	48～
			3 軸牽引車	24 超～26.4	26.4 超～42	42 超～48 未満	48～
	9	10	2 軸牽引車	25.5 超～28.05	28.05 超～37	37 超～51 未満	51～
			3 軸牽引車	25.5 超～28.05	28.05 超～42	42 超～51 未満	51～
	10	～	2 軸牽引車	27 超～29.7	29.7 超～37	37 超～54 未満	54～
			3 軸牽引車	27 超～29.7	29.7 超～42	42 超～54 未満	54～

表中の「一般有料道路等」は、本四高速、首都高速、阪神高速を含みます。

(2) 軸重（t）

諸元	点数			
道路	3 点	5 点	15 点	30 点
全て	10 超～15	—	15 超～	—

(3) 高さ（m）

諸元	点数			
道路	3 点	5 点	15 点	30 点
指定道路内	4.1 超～4.2	4.2 超～4.5	4.5 超～	—
指定道路外	3.8 超～3.9	3.9 超～4.3	4.3 超～	—

(4) 幅（m）

諸元	点数			
道路	3 点	5 点	15 点	30 点
全て	2.5 超～2.6	2.6 超～3.25	3.25 超～	—

(5) 長さ（m）

諸元			点数			
道路	はみ出し	車種	3 点	5 点	15 点	30 点
高速自動車国道	あり	セミトレーラ	12 超～13	13 超～	—	—
		フルトレーラ	12 超～13	13 超～	—	—
	なし	セミトレーラ	16.5 超～17.5	17.5 超～	—	—
		フルトレーラ	18 超～19	19 超～	—	—
一般有料道路等	—	—	12 超～13	13 超～	—	—

表中の「一般有料道路等」は、本四高速、首都高速、阪神高速を含みます。

（高速道路会社：車両制限令違反者に対する大口・多頻度割引停止措置等の見直しについて）

図表6-9　累積違反点数と利用規約に基づく警告等のイメージ

累積違反点数と利用約款に基づく警告等のイメージ

違反点数の累積により割引停止措置等の適用が決定した場合、利用約款に基づく契約者に対する警告が行われます。

年	平成29年度												平成30年度				
月	4	5	6	7	8	9	10	11	12	1	2	3	4	～	1	2	3
車限令違反			▼違反30点					▼違反30点							▼違反60点		
当初の累積期間(H29.4～H31.3)	累積なし					累積30点					累積60点					累積120点	
組合員			講習会呼び出し等の決定					一部割引停止(1か月)							一部利用停止(1か月) 一部利用停止(2か月)		
事業協同組合(契約者)			講習会呼び出し等の決定					利用約款に基づく警告(1回目) カードの追加発行不可(1か月)							利用約款に基づく警告(2回目) カードの追加発行不可(3か月)		
備考	・カードの追加発行不可は、利用約款第7条7項二号に基づき実施されます。 ・一部割引停止期間中に利用約款等に違反する行為が認められた場合、利用約款第24号1項三号に基づく全部利用停止措置等、更なる措置が適用されます。 ・契約者が事業協同組合ではない場合（法人・個人の場合）は、上の「組合員」欄と「事業協同組合（契約者）」欄の両方が該当するものとして読み替えてください。																

※当初の累積期間（H29.4～H31.3）におけるイメージ

（高速道路会社：車両制限令違反者に対する大口・多頻度割引停止措置等の見直しについて）

（3）特殊車両通行許可違反が及ぼす事業協同組合への影響

ETCコーポレートカードを発行するためには多額の保証金が必要です（数千万円～数億円）。1社で多額の保証金を準備するのは負担が大きいので、運送事業者は数社と協同で、事業協同組合を設立し、多額の保証金を積むことで、ETCコーポレートカードを取得します。この事業協同組合では、特殊車両通行許可違反に関して、連帯責任ともいえるような体制が構築してあります。つまり、組合員である法人の1社でも多くの違反を犯せば、組合員全体に不利益が生じるということです。

各種ペナルティ

①　講習会呼び出し等・・・30点

特殊車両通告許可違反を行った組合員（1社）に対して、NEXCOから再発防止等を内容とした講習会に呼ばれ、指導されます。

②　一部割引停止（1か月間）・・・60点

大口・多頻度割引制度の恩恵を受けられなくなります。ここでいう一部とは、当該特殊車両通行許可違反を行った組合員（1社）に所属する車両という意味です。

③　一部割引停止（2か月間）・・・90点

例えば、30点から一気に90点まで違反点数が加算された場合、②の一部割引停止（1か月間）と③の一部割引停止（2か月間）の2つのペナルティが課され、合計で3か月間の一部割引停止となります。

④　一部利用停止（2か月間）・・・120点

利用停止とはそもそもETCコーポレートカードが利用できないことを指します。割引停止の場合は割引が受けられないだけであって、ETCコーポレートカードの利用はできるので、ETC専用入口から入場してゲートを通過することができます。しかし、利用停止となると、ETC専用入口から入場してもゲートが開かず、通過することができません。この場合、ETCコーポレートカード以外のETCカードを使用するか、現金払いでのゲート通過となります。この一部利用停止ですが、③で解説したように一気に点数が上がった場合には、②、③のペナルティも同時に受けます。その場合、②と③で割引停止が3か月間、④で利用停止が2か月間なので、合計で5か月の間、大口・多頻度割引制度の恩恵を享受することはできません。

上記のように特殊車両通行許可違反を行った組合員（1社）に対するペナルティとは別に、全組合員に対するペナルティが存在します。以下の⑤及び⑥のために、事業協同組合には連帯責任体制が敷かれているといわれています。

⑤　全部割引停止（1年以内）

全部割引停止措置の適用は、一部割引（利用）停止期間中（車両制限令以外の違反による停止期間中も対象）に、その期間中における新たな違反の累積点数が「1か月間に10点」以上になる場合を対象とします。

⑥　全部利用停止（1年以内）

全部利用停止の適用は、全部割引停止期間中（車両制限令以外の違反による停止期間中も対象）に、その期間中における新たな違反の累積点数が「1か月間に10点」以上になる場合を対象とします。

第６章のまとめ

特殊車両通行許可申請の業務に携わる場合には、その許可にどのような意味があるかを理解することは勿論、適正に許可を取得していなかった場合のデメリットもしっかりと理解しましょう。この章で紹介した行政処分や刑罰、大口・多頻度割引の停止の他にもお客様によっては様々なデメリットがあります。最近増えてきたデメリットとしては仕事がもらえない、現場の搬入ゲートまで来たはいいが、許可証を持っていないという理由で搬入ゲートから入れてもらえないなどです。特殊車両通行許可申請をご依頼するお客様は困っていることがある、または困った事態になりうる状況だからこそ、行政書士に依頼します。お客様の困りごとや悩み事にしっかりと寄り添える行政書士こそが、プロの行政書士です。

この章で解説したことは申請業務に直接関わりがあるものではないので、いわば周辺知識です。プロの行政書士を目指すのであれば、申請業務だけでなく、その周辺知識や周辺情報の勉強を怠ることなく、日々の研鑽に励みましょう。

全国には現在約 50000 人強の行政書士がいらっしゃいます。その中で継続的にお客様からご依頼をいただけるようになるためには許認可申請業務のプロという従来からの行政書士像から脱皮し、許認可申請コンサルタントとしての行政書士となることが必要になるであろうと考えています。

（佐久間）

第7章 特車申請マル秘テクニック

この章では、近年新たにできるようになった申請の方法や、申請を円滑に進めるために使える小技を紹介します。
※ 2022年11月1日時点のものです。制度の変更や国道事務所によっては受け付けられない可能性があることをご了承ください。

1 許可証を組み合わせて使う方法

例えばA地点からB地点までの許可証を持っている車両があるとします。その車両がA地点を出発しB地点に向かう途中に新たにC地点という目的地に向かうことになりました。

図表7-1 新たに目的地を設定する場合

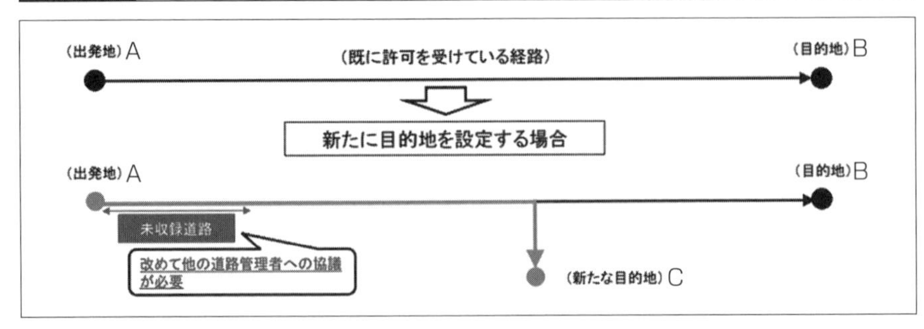

その場合、以前はA地点からC地点までの経路を新たに申請する必要がありました。

そのためA地点に未収録道路があった場合、その部分については既に許可を受けたことがあるにもかかわらず、再度協議が必要になり、許可証の発行に時間がかかっていました。

しかし令和１年６月より、新たな経路のうち、既に許可を受けている経路と重複する区間は除いて申請することができるようになりました。

ただし、既存の許可証を流用する関係上、新たな申請での車輌諸元は既存許可証のものを超えないことが要件となります。

図表7-2　新しい申請方法

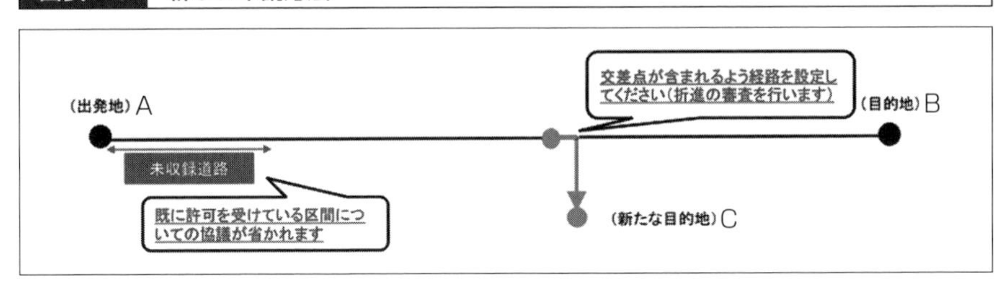

新たな経路に進むときに既許可経路からの交差点の折進を含むときは、図のように既許可経路と新たな経路の折進の審査に必要な交差点が含まれるように申請しましょう。

こちらの申請は、新規申請でも経路を追加する形の変更申請でも行うことができます。

ただし、新規申請で行う場合、通行する際は既許可経路と新たな経路、双方の許可証を携行する必要があります。

また、既存の許可証と新たに取得した許可証の許可期限が一致しないことがあるので、気が付いたら片方の期限が切れていたということが無いように期限の管理を徹底してください。申請時に、国道事務所によっては既存許可証の提出を求められる場合もあります。

2　車検証登録前の特殊車両を申請する方法

特殊車両の申請は、未収録道路や個別審査箇所がある場合、許可が取得できるまで３週間程度、長くて３カ月かかる場合もあります。

そのため新車を購入し、車検を登録してから特殊車両の申請をしようとすると、せっかく車を購入したのに走らせることができない期間が出てきてしまいます。

そこで、車検証が登録される前に申請を行い、車検証が交付され次第許可をもらう方法について記載します。

申請は、オンライン、窓口どちらでも可能です。ただし、いずれの場合においても、車両諸元などの記載方法や添付書類、申請後の連絡の仕方などについて、必ず提出前に事務所窓口に相談してください。

相談をすると、車番は「未登録 000 あ 0000」のように入力してください、等の申請の仕方を教えてもらえます。入力方法は国道事務所によって違う可能性がありますので必ず事前に確認してください。

もしこういった事前相談なしに申請してしまうと、入力ミスとして差し戻されてしまう可能性がありますので注意してください。

申請の際は車検証の代わりに車両諸元を確認できる資料が必要になりますので、諸元表や外観図、メーカーカタログ、車両設計書、緩和認定書など諸元が分かるものを用意しましょう。

仮のナンバーとカタログ等の車両諸元で申請を行い、窓口に連絡したら申請の第一ステップは終了です。

その後、車検証が交付されたら速やかに国道事務所に連絡します。FAX 等で車検証を送ると、申請時の仮の車番を直して許可証を発行してもらえます。

車検証の確認の結果、申請時よりも車両諸元が厳しい値となってしまうと、審査のやり直しとなるため、手数料をかけて再度申請が必要になってしまうことがあります。

申請時の車両諸元については、値が多少上振れしても問題がないように慎重に設定しましょう。

3　災害復旧工事等優先処理してもらえる申請がある

近年、地震や洪水等で緊急な物流が必要な場面が増えてきました。こういった時は申請して許可まで何週間も待っていられないですよね。

そういった事情を鑑みて、災害復旧や緊急の物流が必要になった際は、該当の申請に対する最優先処理のお知らせが出ることがあります。

最優先処理を希望する際は「申請書入力方法選択」画面の「災害時優先処理を希望する」にチェックを入れて申請を行いましょう。

図表 7-3 「申請書入力法方選択」画面

申請書の入力方法を選択して下さい。

○ FD読み込み
◉ 申請書入力

往復申請で復路は積載貨物なしの場合、以下のチェックボックスをチェックしてください。

□往路（積載貨物あり）かつ復路（積載貨物なし）を申請する

災害時優先処理を希望する場合、以下のチェックボックスをチェックしてください。
（現在は令和２年７月豪雨関連の申請を受け付けています）

☑災害時優先処理を希望する

※災害時優先処理とは、災害復旧や復興に係る特殊車両の通行を優先的に審査する制度です。
他の申請に優先して審査し、早期に許可発行します。
（災害用車両であることを証明する書類を提出していただく可能性があります）

なお、オンライン申請システムのトップページのお知らせに、個別の災害について、申請様式等の案内が出ています。案内に従って申請書に添付する書類を作成し、申請を行ったら申請先の事務所に電話等で連絡を行いましょう。

申請時に災害復旧工事のための申請であることを示す書面も添付しておくと説明しやすくなります。

4　新規格車をオンライン申請する方法

第 1 章で述べた通り、新規格車で総重量が 20t を超え、重さ指定道路以外を通行する際は特殊車両通行許可が必要になります。

しかしながらオンラインで申請を行うと、申請書を提出できても、差し戻しをされるケースが発生します。

そのため、新規格車の申請は窓口に直接出向いて行うしかないように思われます。

これがオンラインにて申請できたら楽だと思いませんか。その方法をお伝えします。

① 申請車種区分をトラックにし、「新規格車」ではなく、「その他」にチェックをいれる。
② 積載貨物情報を入力する。
③ 長さは1201cm以上にする。

これだけです。新規格車の取り扱いを受けるのは全長1200cm以下になりますが、荷物を積んだら1200cmを超えてしまうこともありませんか。

その際は正直に長さを伸ばして申請することができます。長さが12mを超えてしまうと新規格車の取り扱いを受けなくなってしまうので、積載貨物情報を入力する必要がありますが、許可証は図表7-4のようになります。

図表 7-4　弊所で取得した許可証一例（新規格車のオンライン申請）

様式第二

特殊車両通行 許可 ~~認定~~ 申請書（新規）

通行開始年月日	令和４年　　月　　日
通行終了年月日	令和６年　　月　　日

令和４年　　月　　日

〒
住所
会社名・氏名
代表者名
担当者名

申請会社の情報が入ります

事業区分	トラック
車両番号等	車名及び型式
他　3台	三菱
他　　台	

事業区分　　区域

積載貨物	幅	高さ	長さ
	235 cm	235 cm	1000 cm
	品名	ブランド材	

軸種数	1

車両諸元	総重量	最遠軸距	最小隣接軸距	隣接軸重	長さ
	24630 kg	734 cm	120 cm	15860 kg	1300 cm
	幅	高さ	最小回転半径	最大軸重	最大輪荷重
	249 cm	380 cm	980 cm	7940 kg	3970 kg

通行区分	片道	通行経路数	4経路

更新又は変更経緯					
申請内容	年 月 日	許可番号	車両台数	総通行経路数	変更事由
新規時	–	–	–	–	–
前回	–	–	–	–	

特殊車両通行 許可証 ~~認定書~~

交特車 第　　号
令和４年８月１６日

申請の通り 許可 ~~認定~~ する。ただし、別紙の条件に従うこと。

許可証 ~~認定書~~ の有効期間	自：令和４年８月１６日
	至：令和６年８月１５日

道路管理者
関東地方整備局長

これだけのことで読者の皆様の貴重な時間を使い、わざわざ窓口に出向くことがなくなればとても有益ではないでしょうか。

第７章のまとめ

この章では、申請実務を円滑に進めるために使える情報を取り上げました。一日も早い許可取得のために、効率化できるところは効率化し、迅速に依頼を処理することができればお客様の満足度を上げることができます。

オンライン申請システムのトップページでは国交省からのお知らせが随時更新されています。日々内容をチェックし、使える情報は見逃さないようにしましょう。

分からないことは特車事務局や窓口の方に相談に乗ってもらいながら、最新の申請の理解を深めていきましょう。

（高橋）

さいごに

本書を手に取っていただき、そして最後まで読んでくださりありがとうございます。これから『特殊車両通行許可申請』を始めようとする行政書士の方、そして運送会社にお勤めの方にとって一助となることができたのであればとても幸いなことです。

本書では細かい説明を省き、概要がしっかりとつかめるような構成にしました。世間にあふれるマニュアルの類は枝葉部分の説明に多くのページ数を割き、本当に大切なことに気付きづらい状況にあると考えたからです。私が最初に特殊車両通行許可申請の依頼を受けた際に、まず参考にしたのは役所が公開しているマニュアルでした。このマニュアルは数百ページにも上り、事細かに特殊車両通行許可制度について解説されていました。しかし、数百ページにもわたり活字が敷き詰められているので一読するのにも苦労し、読了後すぐに申請業務が始められるものではありませんでした。それは記載している情報・知識があまりにも多かったからなのです。その時、図やイラストをふんだんに使用し、一読するだけで特殊車両通行許可申請の概要がつかめるような書籍を作りたいと考えました。この度、その想いが叶えられたことに支えてくださった多くの方に感謝いたします。

また、行政書士は申請書作成が主な業務ですが、その業務の質を高めるためにお客様とのコミュニケーション方法、ヒアリングで気を付ける点も載せました。本書の中にも何度か記載しましたが、書類作成のプロとしての行政書士はもはや当たり前です。一歩進んで、お客様とのコミュニケーションの中で解決策を提案していくコンサルティング型行政書士がこれからの競争社会を生き抜いていくためには絶対に必要だと考えています。

行政書士資格を持っている方はそれなりに勉強をし、一定の知識や教養を持ち合わせています。その中で、どう差別化するかといえばやはり人間です。私は前職で証券会社の営業をやっていました。日々、飛び込み営業や電話営業、名刺集めに明け暮れていました。その中でお客様にいわれた言葉は今でも記憶に残っています。「株を買うのはどこの証券会社で買っても同じ。だから売るものでで差をつけることは難しい。だからこそ、私は佐久間君から買いたいと思う。」

とても嬉しい言葉であり、今でも心に刻まれている言葉です。

業種は違いますが、証券マンであろうと行政書士であろうと『人間』が勝負という点は同じだと思っています。許認可申請の場合は、どの行政書士に依頼しても許可を取得するという同じ目標に向かって業務が進みます。その中で、お客様の悩みに耳を傾け共感できること、時には冗談を言い合いながら楽しい時間を過ごすことができることなどが行政書士の差別化に繋がります。是非、業務の知識・ノウハウを向上させることと共にお客様とのコミュニケーションも大切にしてください。

特殊車両通行許可申請は日々の研鑽が求められる業務です。というのも、非常に改正点が多くあることに加え、提案次第でできあがる許可証が異なるからです。その点を十二分に心得て、特殊車両通行許可申請という日本の大量輸送時代を支える業務を専門分野としてください。

最後に執筆の機会をくださった株式会社税務経理協会の皆様には心より御礼申し上げます。私の想いの実現を全力でサポートしてくださいました。

2023年2月

行政書士法人佐久間行政法務事務所

代表社員　佐久間翔一

行政書士法人 佐久間行政法務事務所
〒338-0014
埼玉県さいたま市中央区上峰 4-7-11　佐久間ビル 1F
電話：048-789-7669
FAX：048-611-7276
URL：https://tokusya-office.net/

代表者プロフィール

佐久間　翔一（第 1 章、第 4 章、第 5 章、第 6 章）
行政書士法人 佐久間行政法務事務所・代表社員
1989 年埼玉県さいたま市中央区（旧与野市）生まれ。早稲田大学法学部卒業。新卒で野村證券株式会社に入社。ファイナンシャルコンサルティング課にて個人・法人の資産運用を担当。25 歳で行政書士として独立。連結トレーラや新規格車などの特殊車両通行許可申請が専門。
年間許可取得件数は 5,000 件以上、トラック（単車）、トラクタ、トレーラの申請台数は延べ 50,000 台以上の実績。申請業務だけでなく、迅速な許可取得に関するコンサルティングまで行う。全国初の『特車申請定額サービス』を展開し、全国の運送事業者の許可取得、事務作業の軽減などに貢献する。さらにトラック協会にて研修会の開催、運送会社で組織される協同組合の電話相談窓口などを行っている。

執筆者紹介

錦織　直生（第 2 章、第 3 章）　行政書士。
髙橋　文恵（第 7 章）　行政書士。

著者との契約により検印省略

2020年 1 月31日　初　版　発　行
2023年 3 月 1 日　第2版　発　行

行政書士のための
特殊車両通行許可申請の
説明書[第2版]

著　　者　行政書士法人 佐久間行政法務事務所
発行者　大　坪　克　行
印刷所　美研プリンティング株式会社
製本所　牧製本印刷株式会社

発行所　東京都新宿区下落合2丁目5番13号　株式会社 税務経理協会
郵便番号　161－0033　振替 00190－2－187408　電話 (03)3953－3301(編集部)
FAX (03)3565－3391　(03)3953－3325(営業部)
URL http://www.zeikei.co.jp/
乱丁・落丁の場合はお取替えいたします。

ISBN978-4-419-06915-5　C3032